U0503427

Problem and Case Analysis

问题与个案分析

现代工商管理经典教材

钟宪瑞‖著

经济管理出版社

ECONOMY & MANAGEMENT PUBLISHING HOUSE

北京市版权局著作权合同登记：图字：01-2014-0541 号

图书在版编目（CIP）数据

问题与个案分析/钟宪瑞著. —北京：经济管理出版社，2014.8
ISBN 978-7-5096-2924-6

Ⅰ. ①问…　Ⅱ. ①钟…　Ⅲ. ①课堂教学—教学研究—高等学校　Ⅳ. ①G642.421

中国版本图书馆 CIP 数据核字（2014）第 017086 号

组稿编辑：陈　力
责任编辑：陈　力　梁植睿
责任印制：黄章平
责任校对：超　凡

出版发行：经济管理出版社
　　　　　（北京市海淀区北蜂窝 8 号中雅大厦 A 座 11 层　100038）
网　　址：www. E-mp. com. cn
电　　话：(010) 51915602
印　　刷：三河市延风印装厂
经　　销：新华书店
开　　本：787mm×1092mm/16
印　　张：10.5
字　　数：171 千字
版　　次：2015 年 6 月第 1 版　　　2015 年 6 月第 1 次印刷
书　　号：ISBN 978-7-5096-2924-6
定　　价：32.00 元

自　序

1989 年，笔者进入中国台湾政治大学企业管理研究所就读，在当时的个案讨论中，领略了策略领域个案教学大师司徒达贤教授及吴思华教授的风采，对于"为什么老师在面对这么多同学的多元观点，可以迅速问出关键问题"极感兴趣，就此开始思考"如何思考"及"如何发问"。之后，在持续两年的工作中，每天必须要在很短的时间内，消化七份报纸社论的观点，笔者慢慢发现，即使在各自不同的专业领域，其实却有极类似的发问及思考方式，于是便进行整理，遂归纳出数十条在各个不同专业领域的专家学者都曾用于表述论点的发问及思考型态。

1999 年，笔者有机会接触到"批判性思考"的书籍，赫然发现先前整理的思考及发问型态与批判性思考有相通之处，再进行取长补短。同时自 2000 年开始，在整个学期的授课过程中，完全采用个案及《哈佛商业评论》的文章，并在所整理的发问及思考型态的基础上，以全程讨论的方式进行教学。随着课程计划的进行，一堂堂个案的推演，到学期末大部分学生都能以更具系统、更有逻辑的方式进行思考和分析。许多硕士班学生也对于笔者在策略管理个案讨论的课程中，何以能问出出乎他们意料且又极其关键的问题很感兴趣，正如当年笔者面对大师的疑问一样，因此笔者在硕士班又开设了"问题分析与决策"课程，专门讨论面对各种商业及社会现象，可以如何发问及如何思考，这本书所记述的，也就是发问及思考型态的精要。

在笔者采用全程个案教学之后，又过了几年，中国台湾掀起了个案教学风，学界也注意到个案教学的重要性。大约在两年前，有一位已经参与公司高层策略会议的毕业生，提到过去在课堂上学到的发问技巧，不断让他在会议中协助与会者厘清关键的议题，让他受益很多，因此，笔者感到这本书到了该出版的时候。

　　正是以上这些原因，促成了这本书的出版。希望这本书，对老师而言，能让个案教学不再是难以明言的默会知识；对学生而言，能够让个案讨论不再是漫无边际的随兴发想；更希望这本书能够将个案教学及讨论的智慧发扬光大，共同提升个案教学的品质。

钟宪瑞

2010 年于中国台湾中正大学

目　录

第一章　序论：批判性思考与个案分析 ………………………………… 001

第一节　批判性思考 ………………………………… 003

第二节　批判性思考与个案教学 ………………………… 018

第三节　本书架构 …………………………………… 027

第二章　价值观 ……………………………………… 029

第一节　价值观的含义 ……………………………… 032

第二节　隐藏的价值观 ……………………………… 034

第三节　价值观对问题分析及决策制定的影响 ………… 043

第三章　现象与概念 ………………………………… 053

第一节　概念与现象之间的对应关系 ………………… 056

第二节　资讯的可信度 ……………………………… 064

第四章　问题的探索 ………………………………… 079

第一节　问题的确认 ………………………………… 081

第二节　问题的属性 ………………………………… 084

第三节　问题的型态分析 …………………………… 099

第五章　原因与影响 ………………………………… 103

第一节　因果的确认 ………………………………… 106

第二节　原因的分类及分解 ………………………… 116

第三节　问题的因果辩证及方案评估 ………………… 124

第六章　方案评估 …………………………………… 129

第一节　以系统方式构思方案 ……………………… 131

第二节　行动方案的评估准则 ………………………………………… **136**

第三节　行动方案的分析 …………………………………………………… **142**

参考文献 ……………………………………………………………………… **159**

第一章 序论：批判性思考与个案分析

章首案例

　　甲、乙和丙共同担负全公司内的文件抄写打印工作，甲最近的工作量明显降低，使得乙和丙的工作量微幅增加，不过就整个抄写打印工作来说，并没有延误整个公司的工作。不过乙认为甲的这种情况对乙和丙是不公平的，而他们三位的上司丁也认为只要整个部门的产出没有问题，甲的事情其实不必深究，以后他也会补偿乙和丙。

　　请问你对整件事的看法是什么？

第一节 批判性思考

知识会过时，思考能力不会过时。

一、思考力的重要性

在工作及生活中，经常需要对接连而来的问题进行思考，不断做出决策。因此，培养思考能力对于有效解决问题是不可或缺的。各行各业甚至各种专业，虽然都有各自专业领域的知识，但是都需要良好的思考能力，这样才能更有效地解决问题。

思考是一种有目的、有组织的心智活动，包括视觉、听觉等感官介入、知觉回忆、从事构思、推理及判断等心智历程；个体通过思考，可以解决问题、完成目标、分析推论。

　　思考能力往往会与知识混淆，"学而不思则罔，思而不学则殆"正可以确切说明知识与思考能力之间的关系，**仅拥有知识，却不善于思考，很可能陷入迷惘，特别是在面对各种看似相互矛盾的知识时，**更可能无法正确地应用所拥有的知识，例如"管理者必须注重细节"和"管理者仅需掌握大方向，不应过度涉及细节"这两种说法都各有其道理，如果未能审慎思考，就可能会在这两种观点之间摇摆迷惘。

　　然而**如果仅注重思考，而忽略了知识的吸收，思考可能会流于空泛，欠缺可靠的依据做基础**。例如某个连锁店在去年的顾客数下降，善于思考的人可能知道必须将顾客群细分，进行细部观察，但是要如何细分，应该依照地区、顾客年龄、时段等项目中的一项来细分，则必须依靠与顾客行为有关的知识才可以决定；如果缺乏这方面的知识，即使是善于思考的人，其想法也容易流于空泛，甚至自以为是。

二、批判性思考

（一）批判性思考的意义

批判性思考（Critical Thinking）是指就某个主张、诉求、信念、资料本身，进行准确、持续和客观的分析，从而判断其精确性、妥当性和价值性的心智活动。

在现代社会中，对同一个现象的价值、论点以及判断，经常呈现高度多元化的状态，因此我们必须具备对多元价值、论点以及判断进行评估的能力，才能确认各种价值、论点及判断在当前情境下的合适性。例如在众所周知的"祖孙骑驴"故事中，这对祖孙很明显就无法对路人的各种观点做出评估，导致无所适从。

祖孙骑驴

有一户人家，只有祖孙两个相依为命。爷爷八十多岁了，孙子约十岁。有一年，到了秋后，家家都忙着秋收秋种，过了霜降再种麦子非要欠收不可。爷爷和孙子商量，去亲戚家借头小毛驴来帮帮忙。隔天，祖孙赶了几十里路去亲戚家借毛驴，亲戚也答应借了，祖孙就赶了毛驴回家。

走过一个村子，碰到一群人。这群人看到这一老一小赶了毛驴走过来，于是纷纷发表评论。一个汉子说："瞧这两个大傻瓜，真不懂得生活。两条腿的和四条腿的一样在地上跑！"爷爷听了觉得有道理。过了村子，爷爷把孙子抱到驴背上，说："孩子你来骑，爷爷给你牵驴。"

又过了一个村子，碰到几个年轻媳妇在村头洗衣服。媳妇们见了这一老一小，忍不住责怪起来："这谁家的孩子，真没教养，一点也不敬重老人，让一个八十岁老头牵驴子。"骑在驴背上的小孙子听见了，羞得抬不起头，非要让给爷爷骑不可。爷爷拗不过，只好就骑上了驴，让小孙子在前边牵着，继续往前走。

又过了一个村子，村头有几个老人家，看到了这情景，也纷纷议论起来："看这老家伙，好没人性！一点也不疼惜小孩，让一个十几岁的小孩子为他牵驴。"爷爷听见了，爷孙俩商量了一下，为了不让大家议论，干脆一起都骑上吧！

又走进了一个村子，远远地有一群老太太见到了驴子，纷纷指责这一老一小没人性，虐待动物，查查这是哪个村的，赶明儿把他们告上法庭去！这祖孙俩听见了，吓得赶快从驴子身上滚下来。出了村子，就如何处理人与驴子的关系，祖孙俩讨论了好半天。不骑吧？不对！小的骑吧？也不对！老的骑吧？还是不对！两人都骑吧？更不对！小孙子想了一个主意说："我们干脆抬了驴子走，不就谁也不说什么了吧？"爷爷一听觉得是好主意，于是就从路边折断一棵胳膊粗的小树，去了枝叶，再解下腰带，把那头小毛驴放翻，四马攒蹄捆了，用棍子穿了抬起来慢慢走。心想虽然吃了点苦头，但为了不让大家说闲话，还是值得的。

在太阳快落山的时候，祖孙二人好不容易走回了自己的村子。村上的人见他祖孙二人抬着驴子走，都掩口而笑，说这一老一小真是笑料，自古只见人骑驴，从来没见过驴骑人，今天算是开了眼了！这祖孙俩听了，气得哇一声吐了血，不久就咽了气。到死他们都没有弄明白，究竟怎样处理这人与驴子的关系，大家才没意见呢？

请问祖孙两人无法做出明智决策的原因是什么？

_____

_____

_____

_____

_____

_____

_____

_____

因此，运用批判性思考能力，我们可以对各种价值、论点以及判断进行评估。所谓批判性思考，包括下面四个领域的能力：

1.清楚了解事实状况的能力

（1）把握问题重点：**同样的事件，可能有人认为是问题，其他人却不认为是问题。**例如在章首案例中，甲的工作量降低是否是一个问题，不同的人会有不同的看法，从主管的角度来看，只要整个部门的任务完成了，就不是问题，但是从其他同事的角度来看，这却是问题。即使一群人都认为某一件事情是问题，在不同人之间，所认定的问题重点也可能是不同的，例如在"祖孙骑驴"的故事中，显然不同的路人认知到的问题重点也不同，有人关心驴子负荷过重，有人关心孙子不孝，有人则关心祖父不慈爱。在第四章会详细说明"问题的确认"

这一主题。

（2）分析争论点：**各方对于同一事件的不同观点，经常会引起争论；甚至于一个事件究竟有没有发生，也经常会引发争论。**我们也必须对这些争论进行分析、做出评估，例如在全球暖化的争议中，其中有一项就是"地球温度的升高"这一项事件是否为一种反常现象。

2. 鉴识资讯的能力

可信度存疑的资讯，或者不充分、片面的资讯，都会影响问题分析及决策的周延性及正确性，因此鉴识资料的能力也是批判性思考的一项重要因素。

（1）鉴识资讯可信度：**根据可信度太低的资讯制定决策，将会误导决策、降低决策品质**，好的分析者及决策者必须能够鉴识各种资讯的可信度。资讯提供者有时会因为个人的喜好及利益而扭曲资讯。例如，研发部门可能为了争取经费，而夸大某种技术的重要性；又例如，一些研究报告的研究设计可能有缺失，因而不具备可信度；一些统计数据的呈现方式，也可能会误导资讯接收者的认知，在第三章会详细说明"资讯可信度"这一主题。

（2）是否应该找寻新的资讯：**一些新资讯的出现，可能会大幅扭转既定主张或一般社会大众所持的观点**。例如，某家公司在中国大陆雇用约 80 万人，在 2010 年曾经出现"员工 12 连跳"的自杀事件，这个资讯会给人带来"这家公司的管理可能有问题"的印象，但如果再获知"全台湾地区在 2009 年的 33 万名公务员有 29 人自杀"的资讯，原先"这家公司的管理可能有问题"的印象就可能会改变。

3. 推论（Inference）能力

（1）演绎思考：演绎思考是指**将抽象原则应用到具体事物的能力**。例如"伴随着组织成长，会出现官僚化的现象"是一项抽象原则，在个案中若是看到一家公司不断成长，就可以朝这家公司是否有官僚化倾向来思考。

（2）归纳思考：归纳思考是指**搜集多项事实，根据这些事实找出抽象原则的能力**，例如，在个案中若看到一个产业经常发生降价促销，就可以思考这个产业是什么因素导致常有降价发生。

（3）价值判断：价值判断是指**针对各种主张的价值观进行鉴识及评估的能力**。例如竹科高级经理人曾经感叹，台湾地区目前大学以上学历的员工都是所谓的"惯宝宝"；但有人则以"惯老板"来形容竹科的企业主，抱怨这些企业主只希望员工"速成、事多、不支薪"，如何鉴识及评估支持这两种说法的价值观，也是批判思考能力的要素。

4. 沟通（Interaction）能力

沟通能力是指清楚表达论点的能力，包括文字沟通及语言沟通能力。

（二）批判性思考的态度

批判性思考能力的培养并不容易，如果我们可以持以下四种思考态度，会更有助于批判性思考能力的培养。

1. 广思考

广思考是指针对一个事件的成因，广泛进行探索的态度。例如当我们看到"甲在产品经理职位上的表现，不被其他同事所认可"这个事件时，首先应该思考甲不被其他同事认可，是不是一项需要解决的问题？如果这确实是一项问题，接着运用广思考的态度，广泛探询甲不被认可的可能原因，原因可能是：①甲个人工作绩效不佳的因素所造成。②也可能是产品经理这个职位的职责设计本来就不讨好，因而大家不认可。③也可能是其他同事对甲有偏见。在面对问题时，如果能够广思考，就比较不会先入为主地设定事件发生的原因。

2. 深思考

广思考可以让我们找出可能的原因，深思考则是指**针对一项特定原因，进一步追问更深层原因的态度**。例如以广思考一段所描述的例子而言，若原因是甲个人工作绩效不佳，那么我们应该深入追问，甲工作绩效不佳，是因为能力不足？动机太弱？训练不足？或是其他原因？

如果甲的表现不被其他人认可的原因是产品经理职位的问题，那么需要进一步深入追问的是是否因为职位的工作内容设计错误所造成？还是根本就不应该设置这个产品经理的职位？如果甲的表现不被其他同事认可的原因，是其他同事的问题，那么需要深入追问的问题是其他同事为什么会有如此一致的看法？关键是这些同事的工作背景？还是所在的位置所造成？

运用深思考，可以让我们找出造成问题的深层原因，以避免治标不治本的现象发生。

运用深思考的另一项好处，是**可以让我们看出推论过程中的疏忽或假定**。例如对于"喝碳酸饮料有害健康"的主张，可以深入追问"为什么喝碳酸饮料有害健康"，进一步可以得到的推论是"喝过多的碳酸饮料"，而"碳酸饮料中含有大量的糖分"，如果"持续摄取大量糖分，就会得糖尿病"，因此"对身体健康有着极大的坏处"，就可以看出在"喝碳酸饮料有害健康"的主张中，隐藏着"碳酸饮料中含有大量的糖分"以及"持续摄取大量糖分，就会得糖尿病"这两项假定，但现在许多厂商也研发出糖分含量低且甜味相同的碳酸饮料，因此"碳酸饮料中含有大量的糖分"这项假定是有疑义的，因此"喝碳酸饮料有害健康"的主张也就存疑了。

3. 辩证思考

具备广思考及深思考两种态度，可以让我们广泛并且深刻掌握事件发生的可能原因，然而这些可能的原因，还是需要与客观事实交互辩证，才能解析出在特定的案例中，事件之所以发生的真正原因。换句话说，辩证思考是指**根据"事实"与"道理"之间的反复辩证来推断当下事件的发生原因**。例如在以深思考一段所描述的例子而言，如果根据案例中的资料，甲的工作绩效并不特别差，就应排除甲个人工作绩效不佳这项可能的原因，进而就是根据事实资料检视其他原因是否成立；如果甲的工作绩效确实较差，就应该根据事实资料，检视甲的能力、工作动机以及训练是否扎实等原因是否可能成立。

经由辩证思考的好处，是可以让我们**免于只从理论臆测事件的原因，而忽略真实事实的存在。**

4. 换位思考

换位思考是指**从其他人的立场来看问题或方案，会不会有所差异，让问题分析或是方案的选择有所不同？**例如在章首案例中，从上司丁的角度和下属的角度，显然有不同的看法。由于在不同位置上的人可能所持不同的价值观看待事物，因此换位思考的价值，在于可以让我们从不同的价值观、不同的立场来看待问题，并借此了解问题的全貌。

第二节 批判性思考与个案教学

一、海绵思考及淘金思考

在学习过程中，我们不断吸收知识，去了解他人的分析及论点，这种类似海绵的吸水反应，吸收的知识越多，越有能力了解复杂的事物，要能慎思明辨，必然要以吸收资讯为起步，但是海绵式的思考却有缺点，它是以吸收为主、照单全收，无法决定要相信或拒绝哪些资讯和判断主张。

例如，某一个职业训练机构"速升职训公司"的广告，提出"过去有100位受过本机构职业训练的人，在受训完毕后3年内，其中95位都获得升迁"，以此宣称他们的训练课程的优越性，并向职场从业人员推销其训练课程，请问是否该购买"速升职训公司"的训练课程吗？

在判断速升职训公司的宣传时，了解公司的宣传内容只是基本工作，要真正做出明智的判断，还必须搜集其他的资讯，例如其他职训公司的训练成效如何？速升公司的训练对象是什么层级？不同层级的受训者的升迁比率是否不同等相关资讯，这就需要**积极、来回互动地对于他人提供的资讯及主张进行研究判断及思考，这种思考过程称为淘金式思考法**。这种思考法会经常质问作者为什么会有如此的见解，会关心推理的问题，不断让推理及已有的资料互动，并且决定应该进一步搜集哪些资料以进行研究判断，然后根据评估的结果，做出独立判断的结论。淘金式思考也正是批判性思考所要求的。

二、个案教学

要培养批判性思考能力，养成淘金思考的习惯，个案教学是一项有效的教学方式，其原因在于一份良好的个案可以提供丰富的资讯以及个案人物的多元观点，让讨论者有宽广的空间进行思考及讨论，以培养批判思考的能力，然而我们必须对个案教学的功效有所了解，才能从个案教学中真正孕育出批判思考的能力。

个案教学的功效，可以分三个层次来看，分别是"范例说明"、"决策制定"与"批判思考"。"范例说明"是指**以个案作为实务上如何运用理论及概念的范例**，例如，在讲解电子商务可以如何协助企业增加营业收入、提高交易效率，如果缺乏类似于 PChome（电脑之家）或是博客的实务案例作为佐证，就无法让学生对电子商务的运用产生深刻的理解。又例如，范畴经济这一项概念，要让学生了解如何将这项概念运用在实务上，需要一些相关多元化的企业作为案例进行说明。这一类个案所提供的资讯，也必须能够与理论概念的内涵相呼应，而希望通过个案达成"范例说明"功效的教师，也需要充分掌握理论内容环节以及各环节和个案信息之间的对应关系。

个案教学第二个层次的功效，是可以**强化学生"决策制定"的能力。在这种取向的个案当中，会留下几个有待解决的议题，学生必须设身处地将自己放在决策者的位置，运用各种理论及个案资讯做出决策**。例如，跨国企业是否该在某个国家直接投资设厂，学生面对这项决策，必须参考个案提供的各种资讯，结合国外直接投资及跨国经营策略的各种理论，做出合适的决策。可以协助制定一项决策的相关理论可能超过一种，因此学生面对这种个案时，要做出合适的决策，就必须学习判断每一项理论的适用状况，这样的个案可以让学生从"了解理论的运用"提升到"不拘泥于单一的理论"的状态。

能够协助学生提升"制定决策"能力的个案，所包含的资讯牵涉的层面会相当广泛，因此个案中提供的资讯，必须与所要讨论的决策、可行的方案、评估方案以及相关的理论概念相呼应。例如一个个案如果是讨论是否将一项业务外包的决策，与外包决策相关的理论概念，包括交易成本、核心能耐、比较成本、策略定位及技术能力等理论概念，在某些环境条件下，比较成本这一项可能并不重要，个案中所提供的资讯，就必须可以让学生判断应该用哪一项理论概念指导决策。目前大部分个案教材所设定的教学目标，是落在这个层次上。

个案教学第三个层次的功效，是**可以强化学生"批判思考"的能力**。在这种取向的个案当中，**连决策本身都是有待厘清的议题**，学生要能在组织中的不同位置中迅速切换，来看待个案中所描述的现象，更具体地勾勒出"真正的决策"是什么。例如个案中如果提到类似先前资料所述"甲在某个职位上的表现，不被其他同事所认可"，讨论者必须思考，甲不被其他同事认可，是不是一项需要解决的问题？如果是，这是甲的问题，还是职位的问题，抑或是其他同事的问题？如果是甲的问题，关键是甲能力不足、动机太弱、训练不足或是其他原因？如果是职位问题，关键是职位的工作内容设计错误，还是根本就不应该有这个职位？如果是其他同事的问题，其他同事为什么会有如此一致的看法？关键是这些同事的工作背景还是所在的位置所造成的？学生在面对这种个案时，必须学习"不断从各种可能性解读现象进行辩证"的能力，**每一种可能**

性都代表一个特定的决策，在可能性及决策确认之后，才是各种理论概念发挥作用的时候。因此这样的个案可以让学生从"不拘泥于单一的理论"，提升到"能够深度剖析现象、自行确认决策"的状态，并且不断去检视自己的思维惯性，在提出一种可能性之后，再反思是否有其他可能，例如自己是不是经常认为"一个人工作绩效不好就是这个人的问题"。由于在真实世界中，往往布满了各式各样的现象，真实的决策项目往往相当隐晦，因此具备这种"批判思考"的能力，才能够不被纷杂的现象所误导。

_____

_____

_____

_____

_____

_____

_____

_____

　　协助学生提升"批判思考"能力的个案，其资讯牵涉层面不仅相当广，而且牵涉到的层面也会更精细，才能让学生学习如何将看似不相关的资讯连接起来，以确认真正的决策及问题是什么，撰写个案的教师也必须具备高度的反思能力，而不是直接设定这个个案所要解决的问题是什么，保留多种决策及问题设定的可能，将设定决策及问题的空间留给学生，但是也必须提供一些资讯，让学生判断各种决策及问题设定的合理性。当然带领个案的教师，也必须能够迅速理解学生的思维型态，具备相当强的逻辑事理引导以及交互诘问能力，才能让学生不断突破及拓展自己的思维型态，达到个案教学的极致成效。

　　关于个案教学在三个层次的特性，列于表 1-1，以供个案讨论、个案教学及个案写作作为参考。

表 1-1 个案教学在三个层次的特性

	第一层效用：范例说明	第二层效用：决策制定	第三层效用：批判思考
学生的学习活动	单向吸收特定领域的专业知识	学习在特定领域内做决策	对参与讨论者的思维模式进行反思
教师的教学活动	以说明为主	以引导讨论为主，引导的重点围绕在：①某项方案，学生必须对方案的优、劣、可行性进行分析；②某项问题的可能原因	以启发互动为主，带领学生思考：①为什么一项决策会成为需要处理的事项或问题会发生的背景条件；②真正的决策及问题是什么
要培养学生哪种能力	了解理论如何运用在实务上	对既有决策及问题进行分析的能力	找寻正确、合理的决策及问题，并培养加以分析的能力
个案需包含的资讯	深入描述某项实务作为的资讯	评估某项方案是否合理，以及某项问题的可能原因的相关资讯	个案中所包含的资讯，应该：①可以刺激学生主动思考了个案所指出其他可能的问题，并加以分析；②让学生判断哪一项决策才是以及为何是关键决策；个案中包含的资讯在表面上可能更周延的考量
个案讨论重点	如何执行一项方案？（How to implement the choice?）例如：如何重视重视创新的组织文化？建立时要注意哪些项目？	如何制定决策？（How to make decisions?）为何选择这项方案？（Why the choice?）例如：建立组织文化的决策文化？立重视创新的组织文化？	如何强化思考力？（How to improve thinking?）为何是这项决策？（Why the decision?）例如：为何"建立组织文化"这项决策值得思考，应该思考，可以思考的项目？
个案撰写指引	以实务作为核心	以决策评估为核心，预设某决策的存在本身就是合理的	除了以决策评估为核心的要求之外，还包括以决策的批判为核心，检视每个决策为什么应该成为一个值得投入心力的决策

第三节 本书架构

本书的主旨有两个：①介绍如何在个案教学及互动中，培养学生批判式思考的能力。②如何运用批判式思考更深入地对个案进行分析。因此，本书是以批判式思考的要素为主轴，架构出全书的章节，说明如何运用个案讨论，培养批判性思考的能力。除第一章外，本书分为以下章节：

第二章 价值观

许多主张及决策制定是以特定的价值观为基础的，鉴识及评估各种价值观是进行批判思考的重要能力，本章将说明价值观的含义、隐藏的价值观、价值观对问题分析及决策制定的影响。

第三章 现象与概念

在分析问题时，常需要借助许多概念来描述现象。本章将说明概念与现象之间的对应关系，以及资讯的可信度。

第四章　问题的探索

制定决策必须先确认问题，本章将说明问题的确认、问题的属性，以及问题的形态分析。

第五章　原因与影响

方案的提出必须针对原因，不同的原因会对应不同的方案，本章将说明因果的确认、原因的分类及分解，以及问题的因果辩证及方案评估。

第六章　方案评估

面对各种行动方案，如何正确评估这些方案，是制定决策所不可或缺的。本章将说明如何以系统方式构思方案、行动方案的评估准则，以及对行动方案进行分析。

第二章　价值观

章首案例

　　Transborder 是一家跨国企业，甲是这家跨国企业在 A 国的总经理，在 A 国做生意，经常需要给政府行政人员一些额外的好处，否则各种申请案件的行政作业都会被拖延，而延迟商机，这在 A 国已经是相当普遍。Transborder 在 A 国的竞争对手也都会给 A 国当地政府行政人员一些额外好处，并且当地人也不认为这有什么不对，然而 Transborder 的内部公司文化是严禁贿赂官员，请问甲是否应该给 A 国当地政府行政人员一些额外好处？

　　一般在分析问题及制定决策时，经常是以某种价值观为基础而进行的，分析者的价值观经常会对问题的认知、方案的选择产生重大影响。例如在堕胎问题上，信奉生命不可被毁灭的人，会主张堕胎是毁灭生命，从而反对堕胎合法化；但主张"个人拥有身体主权"的人，会认为剥夺一个女人对堕胎与否的选择权，尤其是在怀孕的前 3 个月，就等于剥夺她对自己身体的主权，因而会赞成堕胎是一种权利。

　　关于不同的价值观之间的对立，在上一段的例子中，我们可以看到"生命不可被任意毁灭"以及"个人拥有身体主权"这两项在本质上并不存在冲突的价值观，应用到堕胎这个决策情境时，发生了决策上的对立；有时我们则可以看到，这在本质上就是由于对立的两种价值观经常僵持不下，尤其是僵持双方都将各自信奉的价值视为不可侵犯的时候，会使决策及问题解决变得更复杂。

一项主张所牵涉的价值观，有时可以很清楚地被察觉到，但有时候在一项决策、主张或推论过程中所隐含的价值观往往相当隐晦，我们必须设法找出相关的价值观，才能厘清价值观造成的影响。本章将分别说明这些议题。

第一节 价值观的含义

价值观是通过社会化培养而形成的，家庭、学校、工作环境等群体对个人价值观的形成期有重要的影响，随着知识增长和生活经验累积，价值观会逐渐定型，一旦确立之后，便会具有一定程度的稳定性，影响到人们看问题及做决策的基本态度。表2-1列出了一般常见的价值观。

表 2-1 一般常见的价值观

冒险犯难	传统	乐善好施
爱国	正义	竞争
卓越	创造力	容忍
独立自主	条件平等	诚实
理性	机会均等	勇气
言论自由	胸怀大志	智慧
舒适	和平	新奇
自动自发	临机应变	秩序
和谐	集体责任	
合作	安全	

资料来源：Neil（1997）.

在组织中，组织的价值观对成员的决策也会造成相当大的影响。**组织的价值观是组织中具有主导作用的意识，会为成员的决策设定标准、规范成员的行为，也可以让成员在问题及决策上达成共识**，因此在分析问题及决策时，必须要考虑问题与组织价值观的关系，以及方案与组织价值观的相互配合，如果组织的价值观需要调整，也必须有相应的措施。例如在一个极度强调竞争文化的组织中，就很难期待成员有高度合作、相互支持的行为，因此，除非有调整组织竞争文化价值观的措施，否则要推动以成员间高度相互合作的方案，会较为困难。

第二节 隐藏的价值观

在问题分析及决策制定时，经常会面对各式各样的主张及论点，支持这些主张及论点的价值观，有时并不是显而易见的，此时我们需要设法找出这些隐藏的价值观，以便于厘清关键议题。以下面的例子做说明：

甲从银行回到家不久，发现皮夹不见了，找了一段时间后，问妻子有没有看到。

甲：皮夹在哪儿呢？我已经找了快一个小时了，找遍了所有的地方。我应该是在银行拿出皮夹时，又放回到上衣的内袋时掉的，有可能因为银行的地板铺着地毯，我才听不到皮夹落地的声音。

妻子：如果掉在银行里，应该会有人看见交给银行。现在银行也应该会打电话来了，皮夹里有你的身份证和电话号码，皮夹里的钱也不多。我想应该掉在家里了。

甲：我最好还是去办新驾照，不管谁捡到皮夹都不会交出来的。

在上面的例子中，甲和妻子根据同样的事实情况，回答同一问题，但却得到不同的结论，并且认为应该有不同的行动。甲和妻子会有这样的思想和行为差异，关键是在于他们有不同的价值观假定：甲认为人是贪心的，因此不会还回皮夹；而妻子假定人会拾金不昧。在这里，甲和他的妻子都没有清楚地说出各自的价值观，但是却可以看出他们两人在问题分析及决策制定上的差异，这是源于没有明说的价值观的差异。

价值观对于问题分析及决策制定有深刻的影响，但是却又经常没有被说明，因此，如何寻找隐藏的价值观，就成为在问题分析及决策制定过程中相当重要的工作。设想下面两项主张：

主张 A：我们不应该兴建火力电厂，因为火力发电的成本太高。

主张 B：我们不应该兴建火力电厂，因为火力电厂会污染环境。

这两项主张的结论都是"不应该兴建火力电厂"，但是所持的理由却不相同。主张 A 是从成本效益进行分析，主张 B 却是直接诉求对环境的污染。主张 A 的合理性，取决于火力发电和其他方案的成本效益计算，这种计算是可以在客观理性的基础上进行；而主张 B 的合理性，必须取决于"环境保护"这项因素被社会重视的程度，在主张 B 中，"环境保护"这项要素也就成为一项未被明说，却是支撑主张 B 的价值观。

要找出隐藏的价值观，可以通过下面几种途径进行：

（1）思考在一项主张中的一些并未以成本效益方式表述的"原因"，对"谁"有什么"重要性"或"意义"？

如果支持一项主张是基于成本效益的考量，那么这种支持就是在客观的基础上进行的，不论是任何人来评估，都应该会得到某个数值的成本效益并进行比较，正如同前述主张 A 的内容，各方可以就火力电厂的成本进行讨论。相对地，在前述的主张 B 中，"会污染环境"是不该兴建火力电厂的"原因"，这项原因带来的成本效益并未受到检视，而"环境污染"对于"社区居民"是相当重要的，"环境保护"对于社区居民就是一种价值。当一家企业基于"不计成

_____

_____

_____

_____

_____

_____

_____

_____

_____

本，追求最高品质"的坚持而大量投入研发经费时，"品质"就是这家企业的价值观。

（2）从人物的背景找寻。

如果一种主张的支持者具有特定的训练或是生活背景，可能会秉持特定的价值观。例如东亚国家人民有比较强的集体意识，东方国家的人民相对于西方国家人民，会比较重视群体规范。又例如泰国的生活步调比较缓慢，没有被外来入侵，也没有饱受民族摧残，自然让泰国人养成乐天纯真的性格及乐天知命的民族性格。又例如企业中研发及制造背景出身的人，会更重视产品的品质，从这些例子都可以看到人的生活背景所造成的影响。

（3）寻找常见的价值观冲突。

直接从相互冲突的价值观出发，是找出隐藏价值观的简洁且直接的方式，例如一般熟知的经济发展与环境保护经常是冲突的，因此在讨论到环境保护相关议题的时候，对经济发展的关注，自然也会被讨论。当我们对常见的价值观冲突相当熟悉时，就可以直接掌握目前讨论的议题牵涉到哪些对立的价值观，以下所列出的是常见的相互冲突的价值观：

1）忠诚←──→诚实

应该把同事好友旷工的事情告知上司吗？

2）竞争←──→合作

企业应该鼓励销售员之间的相互合作还是彼此竞争？

3）齐头平等←——→个人主义

招募员工时制定族群及性别配额公平吗？

4）秩序←——→言论自由

个人可以对部门共识提出不同意见吗？

5）保障←——→热情

你应该离开公职，自行创业吗？

6）理性←——→冒险

应该以现有的成熟技术进行生产，还是投资新科技？

7）传统←——→新奇

应该遵循组织既定的传统规范办事，还是采用尚未被证明是有用的新方法？

上面列出的仅是常见的相互冲突的价值观，但相互冲突的价值观并不仅限于上面所列，我们如果能从各种社会争议中分析争议各方的论点，也就可以掌握其他相互冲突的价值观。

决策讲堂

　　下面的照片是凯文·卡特（Kevin Carter）赢得 1994 年普利策新闻特写摄影奖的作品。在照片中，一个苏丹女童，即将饿死跪倒在地，而兀鹰正在女孩后方不远处，虎视眈眈，等候猎食女孩。凯文·卡特得奖两个月后，就传出了他在

约翰内斯堡自杀的消息。根据消息，在卡特得奖之后，许多人提出了质疑，询问照片上孩子的下落，有些人更直接质问卡特：在拍照的同时，做了什么真正对照片中孩子有所助益的事情？新闻记者在揭露和报道事件的同时，是否会进行有效的救助呢？

卡特诚实地告诉大家，当时他赶走了食尸鹰，把身边带的水和干粮给了那个女孩，看着她走向给饥民发放食物的救济站，这才驱车离开。然而质疑者不满意这个回答，他们直指卡特冷漠、自私、不顾他人死活，甚至直截了当地质疑卡特拍照时是否心怀善意。

请问你认为质疑的人有理吗？凯文·卡特做得有错吗？

第三节 价值观对问题分析及决策制定的影响

价值观对决策的影响可以分两方面说明。首先，价值观直接界定出了问题分析的方向以及可接受的决策方案，例如重视对消费者承诺的企业，在面对产品品质被质疑时，会站在消费者立场制定决策；其次，模糊或混乱的价值观，往往也会造成决策的内在矛盾。

一、价值对决策的直接影响

价值对决策的直接影响，是通过价值的不可侵犯性而发生的。所谓价值的不可侵犯性，是指一项价值不能被任何条件或者利益所取代，不论牺牲的程度有多小，或者是所得的利益有多大，都应该被排除在任何的条件交换行为之外。当一项价值观成为绝对不可侵犯时，就很难运用成本效益进行分析。例如在环境保护方面，虽然我们可以计算出南极冰山融化会给人类带来多大的伤害及损失，再计算出为了遏止南极冰山持续融化所需牺牲的产业、经济及生活享受，接着运用成本效益分析，决定最适量的产业活动，这样的决策思维代表环境保护还是可以妥协，并不是不可侵犯的。但是认为南极冰山是无价、不可侵犯的人如果越来越多，环境保护将成为无法妥协的，成本效益分析也就派不上用场了。

当一项价值是可以以某个条件妥协时，这项价值就变成可交换的。例如企业家 A 若认为商誉是无价的，就会"回收瑕疵产品"；但是从现代财务管理的观点来看，商誉是可以计算的，因此"不回收瑕疵产品"的决策即使会伤害到商誉，但"回收瑕疵产品"带来的损失如果大于商誉，在两相妥协之下，企业家 B 可能选择"不回收瑕疵产品"。造成这样差别的原因就在于两位企业家看待"商誉"这项价值时，对于这项价值不可侵犯性的设定不同。

当一项价值成为不可侵犯的时候，会衍生出两个问题：①决策者可以主观地为决策定下一个不可侵犯的价值。②当两项彼此冲突的价值都成为不可侵犯之时，会导致决策陷入僵局。

不可侵犯的价值具有以下三项会影响决策的特性：

（1）不根据决策效益考量决策。

不可侵犯的价值比较关注行动而非结果。首先，主张不可侵犯的价值的人，会认为即使整体的效益受到极大的影响，也必须重视不可侵犯的价值。例如，主张森林保护是不可侵犯的人，不会对破坏森林的企业进行任何投资，即使他们深知拒绝购买这一类型公司的股票并不会对这家公司的股价造成任何影响，更不可能影响到其他人对于保护森林的看法。

（2）与数量无关。

不可侵犯的价值的支持者，不会因为数量问题而改变他们的决策及选择，例如对认为森林保护是不可侵犯的价值的人而言，破坏一小片森林的影响，与破坏一大片森林的影响是相同的。

（3）付诸行动。

不可侵犯的价值的支持者通常会积极付诸行动，即使他们采取行动与不采取行动所得到的结果相似。例如认为森林保护是不可侵犯的价值的人，如果尽全力去保护森林 A，"可能"会危及另一片更大的森林 B；如果不保护森林 A，森林 B 就得以保全。在这种情形下，森林保护者还是会选择采取保护森林 A 的行动。

课堂思考

假如根据过去的研究发现，因为杀人被判死刑的人，一旦获释或减刑出狱之后，有 10% 的人会继续伤害他人，请问你支持"废除死刑"吗？

二、价值如何造成决策的不一致

（一）多方利害关系人的影响

利害关系人（Stakeholder）是在**一个组织中会影响组织目标，或被组织影响的团体或个人**。因此，组织的决策者如果希望组织能永久发展，便必须制定符合各种不同利害关系人的考量或利害的决策。然而不同利害关系人经常抱持着不同的价值观，例如消费者会希望物美价廉、股东会希望有可观的财务报酬、员工希望有工作保障及成长等，这些利害关系人的多元价值观，都可能会进入组织的决策体系，成为决策准则。

如果组织的不同层面有不同的影响，不同利害关系人的价值观就会造成决策的不一致。例如学校在面对董事会这位利害关系人时，基于营运成本及经费使用的考量，可能使学校减少设备投资，但是在面对大学教学评鉴单位的要求时，又必须在教学设备上进行投资，因此出现决策的不一致。

课堂思考

在 2010 年，"废除死刑"成为舆论关注的焦点，中国台湾地方当局前法务主管部门负责人王清峰发表主张支持废除死刑，接任的法务主管部门负责人则执行了四件死刑。当时国内的一些民调均显示，超过 80% 的民众反对废除死刑，但在执行死刑之后，德国政府发表声明谴责，指责中国台湾无视德国和欧洲联盟的一再请求，在没有事先宣布的情况下就执行死刑，中国台湾地方当局外交主管部门表示将持续与德国政府沟通。请问德国政府发出谴责声明合理吗？中国台湾地方当局对外国政府类似的声明应该重视到什么程度？

（二）决策情境的影响

决策会表现出决策者的价值观，但表现的方式及程度会因为决策情境的不同而有所调整，因而呈现决策不一致。

1. 价值的条件交换及妥协

决策者在制定决策时，对于所秉持的价值，不一定都是抱持着完全不可退让的态度，在面对其他因素的考量，甚至或者是金钱交换时，都可能发生不根据价值做决策的情形，这种情形发生频率一旦提高，就会出现决策的不一致。例如在极度强调服从命令的组织中，管理者是否会对不服从命令的成员给予相同的惩罚，可能会因为成员的工作能力及表现而定。重视环境污染的人，可能愿意多花一些钱在家中换上节能灯泡。这都意味着价值有可能随着特定的条件而有所交换及妥协。

2. 情绪及认知

决策者的认知及情绪也可让决策者做出不一致的决策。设想在第一个决策情境中，有一列快速行进的火车，铁轨上有两个昏迷的路人甲和乙，火车刹车已经损毁，无法停下来，能让火车停下来的唯一方式，就是从桥上扔下丙挡住火车，牺牲丙让甲和乙活下来，请问你会将丙扔下桥吗？在第二个决策情境中，同样有一列快速行进的火车，火车刹车损毁，无法停下来，轨道在前方分叉成两道，其中第一道铁轨分支上有两个昏迷的路人甲和乙，第二道铁轨分支上有一个昏迷的路人丙，火车导引到第一道分支会导致甲和乙死亡，火车导引到第二道分支会导致丙死亡，请问你会将火车导引到第二道吗？

如果在第一个决策情境中，选择不扔下丙，在第二个决策情境中，却选择将火车导引到第二道分支，就是不一致的决策。

会做出不一致的决策，主要原因就是在两个决策情境中的认知有所差异，在第一个情境中，选择将丙扔下桥，会认为是自己"主动积极"采取这个选项，而在第二个情境中，选择将火车导引到第二道分支，会认为自己是"被迫"做出这个选择。由此可以看出，即使具有一样的价值观，情绪及认知也会影响到决策。

批判思考发问指引

个案讨论者可以思考以下与价值观有关的问题：

1. 一项方案所要达到的目标或者可以获得的好处，对"谁"有什么"意义"？

2 如果从各种不同人的立场来看待一项方案，会有不同的支持或反对态度吗？

3. 一项方案是否符合组织的价值观？如果不符合，应该调整方案还是调整价值观？

第三章　现象与概念

章首案例

"有烟瘾的人罹患肺癌的概率是不吸烟人的十倍，以往都认为是尼古丁所导致，但最近的研究发现，吸烟所产生的一氧化碳对肺脏造成的影响比尼古丁更严重。一些实验显示，如果让兔子或老鼠等动物暴露在高浓度一氧化碳而非尼古丁的环境中，这些动物罹患肺癌的机会跟有烟瘾的人一样高。"请问如果要验证这一提出的新发现，还需要下面哪一项资料？

1. 一氧化碳中毒者的吸烟比率。

2. 吸烟者的一氧化碳中毒概率。

3. 同时一氧化碳中毒、也是吸烟者罹患肺癌概率。

4. 实验动物暴露在高浓度尼古丁而非高浓度一氧化碳下的罹患肺癌概率。

　　在分析问题、进行判断以及制定决策时，我们会面对各式各样的现象，也经常需要运用各式各样的概念来描述所面对的现象。例如我们会用"成本领导"这项概念，来描述"某家企业在制作流程上追求标准化，在产品设计上力求简单、追求大规模"的现象。用概念来描述现象的好处在于便于沟通及分析。例如，一方面，当我们用"成本领导"描述某个企业的策略时，就已经传达了个案中所描述的关于这家企业在制作流程、产品设计、规模等项目上的信息；另一方面，在对这家企业进行市场分析时，采取"成本领导"策略的企业应该锁定哪一种市场，也可以由"成本领导"这一项概念的有关知识而得知。

在分析问题时，运用概念来描述现象是相当基本、必要的工作。如果**运用不适当的概念来描述现象，会误导后续问题分析的方向**。例如如果用"绩效良好"来描述某家营业额很高但是利润相当差的企业，可能会误导后续的分析及决策，因此本章将说明概念及现象这两项要素在问题分析及决策制定上的含义。

第一节 概念与现象之间的对应关系

在使用一个概念描述一种现象时，就等于为"概念"及"现象"之间建立起了对应关系，我们必须不断思考"用这个概念描述这种现象恰当吗?"，以确认"概念"与"现象"间关系的适切性。一旦运用了错误的概念，后续的分析必然产生偏差。例如在 1988 年，许晓丹在舞蹈剧 《回旋梦里的女人》表演中，全身裸露，是"艺术"还是"妨害风化"，在当时引起相当大的争议。概念与现象之间的关系之所以会出现众说纷纭的情形，是源自于概念的模糊性、概念所涵盖的现象范畴有争议以及同一种现象被多个概念所描述的三种情形。

一、概念的模糊性

"发呆"这事，如果干得好，叫做"酷"；

"木讷"这事，如果干得好，叫做"深沉"；

"鬼混"这事，如果干得好，叫做"恋爱"；

"霸占"这事，如果干得好，叫做"结婚"；

"迷信"这事，如果干得好，叫做"宗教"；

"掐人"这事，如果干得好，叫做"按摩"；

"装傻"这事，如果干得好，叫做"大智若愚"；

"辍学"这事，如果干得好，叫做"比尔·盖茨"；

"扁人"这事，如果干得好，叫做"主持正义"；

"挑砖块"这事，如果干得好，叫做"忍辱负重"；

"跑龙套"这事，如果干得好，叫做"友情客串"；

"性冷淡"这事，如果干得好，叫做"贞操"；

"摆架子"这事，如果干得好，叫做"有气派"；

"打电动"这事，如果干得好，叫做"加班"；

"虐待儿童"这事，如果干得好，叫做"望子成龙"；

"沦为难民"这事，如果干得好，叫做"出国深造"；

"不得人心"这事，如果干得好，叫做"曲高和寡"；

"回家吃饭"这事，如果干得好，叫做"看望父母"；

"画饼充饥"这事，如果干得好，叫做"上柜、上市"；

"脚踏两条船"这事，如果干得好，叫做"慎重选择"；

"发不出薪水"这事，如果干得好，叫做"共同创业"；

"恶人无胆"这事，如果干得好，叫做"小鸟依人"；

"前言不搭后语"这事，如果干得好，叫做"跳跃思维"。

若要完全理解一项主张，必须了解这项主张所包含概念的内涵特质，**如果一项概念的内涵特质相当模糊，导致参与讨论的各方对一项概念的内涵特质有不同的认知，讨论就可能成为各说各话**。例如讨论到某个广告效果如何的议题，"广告效果很好"这个概念，是指"广告的品质很好"、"广告很引人注意"还是"广告可以带动产品销量"，如果没有厘清，很容易让讨论变得混乱。

课堂思考

　　2010 年，在中国台湾台北市某个足球竞赛的初赛中，A 国小足球队及 B 国小足球队在一场比赛中明显都未尽全力，结果以 0 比 0 收场，导致 C 国小足球队被淘汰出局，C 国小足球队因而抗议，并指控 A 国小足球队及 B 国小足球队是在"踢假球"，请问你同意 C 国小足球队的这个指控吗？

二、概念所涵盖的现象范畴有争议

　　在中国台湾高雄市曾经发生过一位出租车司机因为见义勇为、协助警方追捕小偷，结果在追捕途中因心肺衰竭倒地死亡。当时司机家属认为这是意外死亡，诉请保险公司支付 150 万元意外身故理赔，然而检方检验认为死因是"心肺衰竭"，死亡方式则是"病死或自然死"，不属于意外死亡。从这个案例可知，哪种事件属于"意外死亡"，是会有争议的。

因此在分析问题或制定决策时，如果**要运用一项概念，需要注意的是哪些现象可以被涵盖在这项概念之内，一种现象必须要先能被某个概念所指称，才能根据这项概念对特定的现象做出分析或者是进行规范**。例如关于壹传媒的动新闻是不是"新闻"的问题，如果动新闻不是新闻，主管机关也就不能根据"新闻"的相关法律对"动新闻"进行规范。又例如当我们将特定企业界认定为相当成功的时候，我们是根据什么现象做这样的判断？是由于这家企业有较高的市场占有率？或是有较高的顾客满意度？或是较高的利润？"较高的市场占有率"、"较高的顾客满意度"和"较高的利润"这三种现象，都可以对应到"成功"这个概念。

课堂思考

　　某糕点厂商想推出定制化的蛋糕，请列出符合"定制化"这项想法的各种可能做法。

三、同一种现象被多个概念所描述

有时候，同一种现象可以被两个以上的概念所指称，不同的概念则意味着不同的后续分析及决策。例如"一位男性与第二位女性结婚"这种现象，在古代称为"纳妾"，在现代称为"重婚"。出现同一种现象可以被多个概念描述的状况经常是源于以下几种情形：

（一）　不同的价值观

拥有不同价值观的人，会以符合其价值观的概念来描述一种现象。例如"一位怀孕的女性，决定打掉胎儿"这种现象，可以称为"维护自己的身体自主权"，也可以称为"扼杀无辜生命"，这取决于论述者的价值观。

（二）不同成员的角度

在组织中，由于不同的成员担负不同的职责，因而会有不同的立场，也因此可能会用不同的概念描述同一种现象。例如在强调标准化的跨国快餐企业中，如果有某个国家分公司的管理者坚持要推出符合该国居民特殊口味的产品，这样的现象从跨国企业总部的角度来看，可能是违背政策，但是从分公司管理者的角度来看，同样的现象是有助于公司绩效的作为。

课堂思考

请思考"在家中从事家务"是不是一项"工作"？"是"或"不是"的两种观点，各自的立足点及问题是什么？

第二节　资讯的可信度

一、资讯与事实

在分析问题时，经常会面对各种资讯，其中有些资讯就是事实，例如"某家公司的财报显示其获利率为 10%"是一项事实；有些资讯则离事实有一段距离，甚至可能只是某方的推论或是某方所提供的资讯，例如竞争者认为"某家公司的利润应该有 10%"只是推论。在分析问题时，必须区分资讯与事实，如果**一项资讯仅仅是某方的推论或是某方所提供的资讯，就需要对这个资讯的可信度进行检视。**

二、资讯可信度的检验

资讯可信度的检验方式，是由资讯类型而定，主要的资讯类型有直觉、个人经验、权威、个人观察、研究报告、案例及模拟七项。

（一）直觉的可信度检验

直觉的一大问题在于其属私人性质，其他人无法判断其可信度。"直觉"有时可能是从其他类型的证据而来，如相关的广泛个人经验和阅读。经验丰富的企业家会根据商业直觉做决策。我们一般所说的"第六感"也就是直觉，有时"第六感"并非全是无稽之谈。但是我们需要了解以直觉为基础的主张，是不是有其他类型的资讯可以从旁佐证。

（二）个人经验的可信度检验

在面对某人的个人经验时，我们需要对个人经验提供者的专长、利益、价值、偏见有更深入的认识。以下和个人经验有关的问题，我们都应该特别检视：

1. 选择性

人们的经验五花八门，想要说服我们的人，通常会选择特定的经验。提供个人经验的人，也往往具有选择性的记忆，他们总是特别关注能证实他们信念的资讯，对于不能证实的资讯则视而不见。例如相信有外星人的人，就比较有可能看到像是"飞碟"的模糊影像。

2. 个人利益

个人可能会因为个人利益而提供资讯，例如一名篮球明星为一家早餐麦片粥代言做广告时说："它会让你一整天感觉很棒。"但这位篮球明星的早餐可能根本就不吃这种麦片。又例如烟草公司可能会赞助一些探讨吸烟与身体健康之间关系的研究，对于这种研究报告所提供的资讯，就应该更谨慎检视是否有倾向烟草商利益的情形。整体来说，如果资讯提供者拥有不说实话的诱因，亦即他们会因为不说出真相而获得利益，或是因为说出真相而失去利益，那么可信度就需要进行检视。

3. 遗漏资讯

个人在提供资讯时，可能只提供了片面的真实资讯。例如许多银行在推销结构型债券商品的时候，往往只告知购买者可能有的获利，而不告知购买者可能有的风险。

（三）权威的可信度检验

我们经常会引用专家学者或是各种报道，也就是诉诸权威的方式，为自己声称的事情辩护。所谓权威，是指对某一个主题的了解被视为比大部分人多的专家。当沟通者诉诸权威或专家，等于相信某些人能够获得一些事实资料，而且具备特殊的资格，有能力根据那些事实资料得出结论。

但是由于种种原因，权威的看法往往是错的。而且，权威的意见经常存在分歧。沟通者诉诸权威的时候，我们需要问一些批判性问题：

（1）就这位权威所谈的主题，权威人士具备多少专长或者学识？

比方说，在特定专业学术领域的权威，是否有足够的教育专长及素养来谈教育改革。

（2）权威人士是否有受到扭曲性力量的影响？

即使是权威在发表专业领域的意见时，依然有可能受到包括个人的需求、预设期望、普世信念、态度、价值观、理论、意识形态的影响。例如警政单位在被问到缩减警察福利对社会治安是否有不利的冲击时，他可能回答"有"，并且提出许多证据支持其说法。警政单位的做法也许是持平之论，但是也有可能是在维护警政同事的利益。

（四）个人观察的可信度检验

虽然个人观察经常是宝贵的资讯来源，但是个人观察也并非毫无偏颇地反映真实状况，特别是面对争议性议题时，个人经验的提供者所在的情境及位置，经常会影响到对现象的观察、理解及诠释，还应该寻找其他观察者的佐证，及其他类型的证据来支持结论。例如在一家营销部门相当强势、营销支出占相当大比例的公司中，生产部门主管对于营销。部门主管的评价，可能会认为营销部门主管没有成本观念，但营销部门的员工可能会认为营销部门主管是在为公司创造绩效；如果差异很严重，那么就需要思考是什么原因让这样的差异持续存在着。

（五）研究报告的可信度检验

研究报告是经由科学方法产生，科学方法是确认事实的重要指引，科学方法的特别之处在于使用可公开检验的资料，因此其他人也能进行类似的观察，并且探讨能否得到相同结果。举例来说，某位研究人员报告，有一种新的放射线治疗方法能杀死癌细胞，如果其他的研究人员重复相同的实验，并且得到相同的结果，我们对这种治疗方法的信心就会大增。

科学方法的第二个特性是可以加以控制，以减少错误。例如如果观察可能发生偏见，那么可以利用多位观察者，探讨彼此的观察是否一致，来控制这一类的错误。语言精准和前后一致是科学方法的第三个特性。当不同的人用到相同的词语时，是抱持着相同的概念内涵。

然而面对研究报告，也必须研究报告的品质，如果一项研究采用了不适当的研究方法，研究报告的品质就值得置疑。有时研究人员也可接受特定机构的资助，因此必须对其研究报告详细检视。例如烟草协会资助的吸烟对健康所造成的影响的研究报告，就应该详加检视。

（六）案例的可信度检验

县长候选人说："我的社会福利政策，为县里的妇女创造相当多的就业机会。其实，今天台下的听众里面有一位40岁的王女士，今天晚上特地赶来，和我们同在一起，见证她的就业历程，王女士，你愿意站出来讲一讲吗?"

案例型的资讯，详细描述一位或多位个人或事件，以支持某个主张诉求。案例经常开门见山、生动活泼、细节描述相当有趣，很容易在脑海中形成具体的形象，每每令人动容不已。政治候选人越来越常在演说中借助案例，因为**丰富的细节很容易引发听众情绪上的反应。但面对案例，我们则需要注意这是不是特例。**

（七）模拟的可信度检验

有时我们会以一件事情作为另一件事情的类比，再以其中一件事情具有某种特质，推论出另一件事情应该也有另一种特质，这种方法就是类比。例如，谈酗酒的问题时，我们可能会想到在其他类似的状况中，人们只求眼前一时的满足，而忽略了长期潜在的负面影响，类似的状况还包括抽烟、暴饮暴食、赌博等。

类比式推理相当常见，除了具有说服力，也可能存有缺点，如能认清这种推理方法，并且懂得以系统化的方法去评估，对我们的帮助很大。要评估类比的品质，我们必须注意两个因素：①两件事情在进行类比时，彼此之间的相似之处和相异之处有哪些？②相似之处和相异之处和所要讨论的议题是否有关？

这两个问题，也可以协助我们检视错误的类比，如果**两件事情之间的差异之处太多太大，或是相似之处和相异之处与所讨论的议题关联不大，那么这项类比就可能是错误的类比**。

除了以上所列的从资讯种类检视可信度之外，一般而言，都需要检视是否有其他资讯来源作为佐证。对于一项可信度值得怀疑的资讯，如果有其他现象可以作为佐证，可以提高其可信度。例如某公司的营销部门主管认为广告是所在产业中的关键成功因素，确实有可能如此，但这也可能反映该公司内部有强烈的本位主义。然而，如果外部产业观察家也有类似观点，将可以提高"广告是关键成功因素"这一观点的可信度。

课堂思考

在美国，一位男性、非洲裔、成长于北方的上司 A，对于女性、白种、成长于南方的下属 B 的工作表现，提出了严厉的批评。女性同事 C 认为这样的批评是男性对女性工作能力的歧视；白人同事 D 认为这是非洲裔美国人对白种人的"报复"；来自南方德州的同事 E 认为这是北方人对南方人的歧视；A 则认为他只是就事论事。请问 A、C、D、E 各方各自是用什么概念来描述"A 对 B 的严厉指责"这个现象，A、C、D、E 各方还需要哪些事实，才能证明自己的立场是合理的？

三、找寻相关但被忽略的资讯

当我们接触到一项资讯时，可能会形成特定的印象，然而当其他相关的资讯也同时被揭露时，原先的印象可能就会改变。例如某家知名漱口水的电视广告，宣称其漱口水含有强效新配方，能够杀死造成口臭的 90% 的细菌，我们很可能会得出结论，认定这种漱口水是很有效的，因而应该购买这种漱口水。但是在得出这项结论之前，可能忽略了以下的信息：

（1）其他的漱口水能够杀死多少百分率的细菌，也许能够杀死 95%。也就是说一项方案所宣称的好处，可能其他方案都有，甚至更好，因此我们需要其他方案的相关信息。

（2）正常刷牙或者只要漱口，能够杀死多少细菌数量，也许只要刷刷牙，我们的口臭就会不见。也就是一项方案所宣称的效果，可能根本就可以轻易达成，因此不需要这项方案。

（3）杀死口腔里的细菌可能造成的负面影响，也许健康的口腔需要一定数量的细菌。这就是一项方案宣称的效果未必完全都是好的。

（4）造成口臭的其他原因也许是扁桃腺和静脉窦感染造成的。或者需要多少细菌才会造成口臭，也许10%已经太多。也就是说一项方案宣称的好处，其实并不能真正解决我们的问题。

（5）漱口水对口腔内部造成的影响，也许会伤害牙床。或者漱口水的其他优缺点，如味道、价格、有效时间长短。广告主遗漏了不少重要的资料。如果消费者想买得值，这些资料缺之不可。也就是说一项方案的坏处可能并未被充分告知。

批判思考发问指引

个案讨论者可以思考以下几项问题，以澄清现象及概念：

1. 用特定概念来描述特定现象合适吗？这个概念应该有哪些内涵特质？这个现象具备这些特质吗？

2. 一种观点是不是只是特定人或特定部门的观点？为什么特定人或特定部门会持这样的观点？

3. 要支持或推翻一种印象或主张，还需要什么资讯？

第四章　问题的探索

　　某大学最近在市中心刚盖好了一个新校区，新校区刚一盖好，很快就面临停车问题。刚开始，新校区的停车位还多得用不完，到处都是停车位。然而，随着新大楼一幢接一幢的在停车场的空地上盖起来，校园里学生人数增加了三倍，教职员增加了两倍，管理人员更增加了五倍。此时，停车就真的变成了"问题"。

　　在校园刚盖好之初，有一些车位是保留给资深教授及行政主管的，为了把停车权利还给所有人，学生暨教职员理事会决定取消除了残疾人士及校长车位之外的所有保留车位。尽管校园内还是有足够的车位供任何到校拜访的车辆停放，不过，大部分的停车位都距离教室或办公室500米到1000米的距离。

　　这所大学所在地方的气候并不好，一年内约有2/3的日子一直在下雨。不论是在停车场设立遮雨棚，或是新建停车场的经费，都掌握在中国台湾立法主管部门手中。

　　请问就这些事情来说，有没有问题？以及是谁的问题？是：

　　（1）学生；

　　（2）资深教授及行政主管；

　　（3）大学校长；

　　（4）中国台湾立法主管部门；

　　（5）建筑设计师中的哪一位或哪一群人？

第一节　问题的确认

　　确认问题是真正启动问题分析及决策制定的一项关键工作，如果分析者设定了错误的问题，轻则耗费资源解决错误的问题，重则可能引导组织走向错误的方向。

　　要确认出真正的问题，必须先了解"问题"的内涵。所谓**"问题"是指"应该发生"的现象与"实际发生"的现象之间的差异**，"应该发生"的现象经常会以目标的型态呈现。例如企业设定其目标为"市场占有率达到 15%"，"市场占有率达到 15%"就是应该发生的现象；而如果实际的市场占有率只有 12%，"应该发生"的现象与"实际发生"的现象之间就有差异，问题也就形成了。

由于"实际发生"的现象是既成事实，**因此"问题"的形成，取决于"应该发生"的现象是被如何设定的**，这牵涉到几项值得进一步讨论的课题。首先**是关于"应该发生"的现象，是从谁的角度来判定，会影响到问题实质内涵的形成**。例如肯德基曾经特别强调在所有国家的分公司都要采用与美国总部相同的菜单，但肯德基在最初进入日本市场时，日本分公司的管理者调整了总部的菜单，以符合日本消费者的特殊口味，结果和总部发生严重的冲突。这种冲突从总部的角度来看，会认为日本分公司"应该"遵守规定，因此"问题"会是日本分公司不遵守总部规定；但是从日本分公司的角度来看，一家公司"应该"提供消费者需要的食品，因此"问题"会是总公司的规定过于僵化。从这个例子可以看出，"问题"的实质内涵，会受到由谁来判定**"应该发生"的现象而定**。

其次，"应该发生"的现象，如果是指当下就应该发生的现象，那么问题就会以"未达成绩效目标"的型态呈现。例如公司制定的利润目标是 10%，结果只有 8%，10% 和 8% 的差异若是已经到达无法接受的程度，问题就会形成。**应该发生的现象，如果是指在未来应该发生，那么问题会以"某个决策如果做错，会对未来的发展造成不利影响"的型态呈现**。例如在 2010 年《海峡两岸经济架构合作协议（ECFA）》是当时社会的讨论焦点，其签订与否，对中国台湾的未来发展有巨大的影响，因此《海峡两岸经济架构合作协议》的签订就是当时的重要问题。

第二节　问题的属性

在确认出问题之后，决策者必须处理这些问题。**处理问题的方式，必须视问题的属性而定，**与决策有关的重要问题属性包括以下几项：问题的影响范畴、问题与哪些行为者有关联、属于组织中哪一个层级的问题、问题的严重性、问题的迫切性、问题的复杂性、问题的普遍性和问题的频率。

一、问题的影响范畴

一个现象会被界定成为问题，必须是这个现象本身具有负面的影响。例如"财务绩效严重衰退"这个现象本身就是负面影响。**或者这个现象非常可能带来负面的影响，**例如"各地县市政府广泛兴建使用率很低的文化会馆"这个现象，可能导致财政恶化。

辨认问题的影响范畴，是指我们**必须详细确认被指为是问题的现象，到底带来了什么负面影响，如果无法指出一个现象的负面影响，却将这个现象当成问题来处理，就会踏入"问题界定错误"的陷阱**。例如新上任的**量贩店**经理可能会在并未确认新卖场的产品摆设与绩效间的关系的情形下，就根据自己过去在**百货公司**的工作经验，直接认为新卖场的产品摆设不对，就踏入了"问题界定错误"的陷阱。

一般而言，如果我们可以先确认一个现象在绩效、机会掌握、价值维护三方面是否有不符合期待的负面影响，再将这个现象界定为问题，比较能够避免"问题界定错误"的陷阱。

（一）绩效面

绩效反映个人或组织过去的努力成果，努力成果可以呈现在各种不同层面。例如以企业来说，绩效可以从市场面的市场占有率、财务面的财务报酬等层面来看。"绩效低落",例如销售不如预期地大幅衰退,这个现象本身就可以被确认是一个问题;造成绩效低落的因素,例如"销售员训练不足"造成绩效大幅衰退,也应该被视为问题。对于造成绩效低落的因素或现象,必须将其视为问题,妥善处理,才能避免未来重蹈覆辙。

(二)机会面

个人及组织除了要关心造成过去绩效低落的因素,也需要掌握未来的发展契机,如果无法掌握未来机会,即使现在的绩效可以接受,也会构成问题。例如个人或组织需要累积资源、培养能力,以便于掌握未来机会。例如在 20 世纪 90 年代,一家制造及销售3.5 英寸磁盘的厂商,即使其在 90 年代的绩效良好,但如果没有能发展更先进的储存技术，将无法掌握稍后出现的随身碟商机。因此对于不利于掌握未来机会的因素或现象，也必须将其视为问题。

（三）价值面

如果一个现象冲击到现有的价值观，那么这个现象也会被当成是一个问题来处理。例如饮酒在伊斯兰世界仍被视为禁忌，曾有一位新加坡籍、有名的女性模特喀提卡，因为在马来西亚的夜总会饮用啤酒，而被该国法院判刑鞭笞6下及罚款500林吉特。当现象冲击到价值观时，到底是价值观该调整，还是应该矫正现象，这是可以讨论的，但是现象冲击到价值观时，就应该将其视为问题来处理。

二、问题与哪些行为者有关联

在章首的停车棚案例中，问题与学生、资深教授及行政主管、大学校长、中国台湾立法主管部门、建筑设计师都有或多或少的关联，并且不同的人对于关联强度的判断也会有不同。

一般而言，**会与问题发生关联的行为者，包括以下三类：①问题的原因是因这个行为者而起。②问题的影响是由这个行为者承受。③问题的解决是这个行为者有能力可为之。**

（一）问题的原因是因这个行为者而起

找出这一种关联者，有助于确认出造成问题的原因，如果问题的原因是由某个行为者的行为所造成，那么解决方案的设计，就可以考虑以"设法改变行为者的行为"作为目标。例如若是厂商的生产成本太高，是因业务员接了太多小批量的订单而起，而业务员会不断地接小批量的订单，是因为公司的业务员红利计算是以销售量为基础。如果厂商并未追求多样少量的市场定位，那么就可以考虑修正业务员的红利计算方式，以设法改变业务员的销售行为。

在此必须强调的是，要真正解决问题，必须从问题的原因着手，设法处理原因，让原因消失，而不是直接从问题现象着手。例如政府部门在面对顾客抱怨停车位太少时，不宜直接就扩建停车位，而是应该分析为何停车位太少，分析导致结果的真正原因可能是内部作业程序不对，导致民众花太多时间处理公务，车子因而会停得比较久，导致停车位不足，此时该改进的是内部作业流程，而不是直接改进停车位数目。

（二）问题的影响是由这个行为者承受

在进行决策分析时，若要确认问题是否确实获得解决，必须从受到问题影响所波及的行为者来检视，观察影响是否继续存在，或是如预期发生，以判定问题是否得到解决。例如开放中国大陆学生来中国台湾就读大学，可能受到影响的行为者，包括中国台湾本地学生的就读机会、大学是否能吸引到优秀的中国大陆学生、中国台湾本地大学体系的教育资源是否被稀释，因此对于"陆生来台"的政策，可以从"本地学生"这个行为者是否受到"就读机会减少"的影响、"大学"这个行为者是否能如预期"吸引到优秀的中国大陆学生"、大学这个行为者是否会承受"教育资源是否被稀释"的影响三方面检视。

（三） 问题的解决是这个行为者有能力可为之

在问题分析的过程中，如果能将有能力解决问题的行为者纳入考量，将会有助于问题的解决。例如在解决弃婴问题上，可以考虑将有能力抚养弃婴的家庭视为有关联的行为者，以有效解决弃婴问题。

_____

_____

_____

_____

_____

_____

_____

_____

_____

_____

决策讲堂

2010 年，某个为苹果计算机组装 iPad、雇用超过 80 万人的知名台商在中国大陆的工厂出现 12 起基层员工跳楼自杀的事件，这家台商的董事长表示，给基层员工的薪资及福利已经相当好，当地其他台商也认同这个说法。而当时苹果 iPad 在市场上的最低售价为 499 美元，但给这家台商的组装费仅为 11.2 美元。

当时许多人都对这件事情发表评论，有人认为中国台湾的代工组装模式必须调整，有人认为这家台商的中低层干部管理方式要调整，有人认为是中国大陆新一代——1980 年后出生的年轻人（俗称"80 后"）——吃不了苦的问题，有人认为是这家台商内部的工会运作不健全，有人指出是中国台湾企业所反映的社会"家父长制度"造成了这些自杀，不过也有人指出在 80 万人中出现 12 人的自杀事件，比起中国大陆全体人民的自杀率，其实还低很多。请问，你认为"出现12人自杀"应该是谁的问题？你需要什么资讯才比较能支持你的问题归属立场？

1. 这根本不是问题。

2. 自杀者个人的问题。

3. 这家台商高层管理方式的问题。

4. 这家台商中低层管理方式的问题。

5. 中国台湾代工组装生产模式的问题。

6. 中国大陆"80后"人群的问题。

7. 中国大陆当地政府没有落实督促企业内工会正常发挥功能的问题。

8. 媒体的问题。

9. 中国台湾社会没有摆脱"家父长制"心态的问题。

三、组织中哪一个层级或部门的问题

在组织中，一个不如预期的现象发生之后，将会成为问题，但仍须注意这个问题是哪一个层级的问题。例如某个证券商在 A 地的分公司面临招募人才的问题，这个问题可能是这个证券商整个公司的品牌及制度无法吸引新人，而且其他分公司也面临招募人才的问题，若是如此，招募人才的困难就是整个公司层次的问题；如果在 A 地的分公司会面临招募人才问题，是因为分公司所在地理位置太差，这就是分公司层次的问题。简单来说，**如果大部分的下层级单位都面临类似的问题，那就很可能是组织更高层的问题。**

问题要归属到哪一个层级，也要视组织策略而定。例如组织的策略是重视品质，因为品质瑕疵导致的退货问题，就应该是由较高的层级来处理；如果组织的策略是成本控制，那么退货量只要在可接受的范围之内，退货问题可以由较低的层级来处理。

四、问题的严重性

严重的问题是指影响幅度相当大的问题。例如偏离预期绩效相当大的现象及不利于掌握未来发展机会的现象，或是严重冲击现有价值观的现象，都是严重的问题。如果是严重的问题，都需要优先、谨慎处理，甚至由专人或专责机构处理。就失业问题而言，如果是单一的个人失业，可以按照正常的失业救济寻求协助，对社会而言，问题较轻微；但如果失业的人是过去在奥运会上取得奖牌、对国家有相当贡献的运动员，这就是相当严重的问题。

五、问题的迫切性

迫切的问题是指影响已经出现或是即将来到的问题。例如对于报业来说，互联网的出现所带来的网络电子版的影响从 1999 年开始变得越来越迫切。时至今日，几乎主要的报纸都有网络电子版。基本上，**面对迫切的问题，必须以更快的速度进行处理。**

六、问题的复杂性

问题的复杂性是指问题会在众多层面上造成影响。例如人口老化问题造成的影响，不仅仅体现在财政层面的社会福利支出上，人口老化问题也会对经济层面的产业竞争力、医疗卫生照顾的体系建构造成影响，因此人口老化问题的复杂性相当高。**复杂性相当高的问题的处理，必须由影响所涉及的部门共同参与，也必须由有力的决策机构做决定，不能由组织中过低的层级负责。**

在处理复杂问题时，处理的周延性比处理速度更重要，若是只考虑到处理速度，而忽略了问题在其他各个方面的影响，可能留下相当多的后遗症。例如单纯从增加财政收入的角度看，加速出售国土有地及公营行库，都可能会造成日后推动公共建设及市场调节的困扰。

七、问题是文化的、制度的、还是个人的问题

2010 年 5 月，曾发生某位外国雇主被指控强迫三名印度尼西亚穆斯林工人吃猪肉，甚至威胁扣薪因而被检方起诉的事件。此事件的发生，可以界定为个别雇主的问题，这就是个人的问题；但也可能是由于在外地劳工聘雇制度中，禁止外地劳工自由转换雇主，因而导致外地劳工受到雇主虐待或是剥削，这就是制度的问题；也可能是中国台湾的两极化"多元社会观"，对白人往往

很友善甚至讨好，但却鄙视一些有色人种，这就成为了文化的问题。**如果是个人层面的问题，可以按照制度或是个案处理；如果是制度层面的问题，则需要修改制度；如果是文化层面的问题，便需要调整观念或价值观。**

八、问题发生的频率

问题如果经常发生，有两项含义，**首先，这代表需要一套标准作业程序来处理这种问题；其次，问题发生频率高，可能是由一些制度或深层文化层面的因素所造成的。**例如错误的制度会带来大量的文书作业，因此文书行政人员必须加班，或者工作分配不均问题的发生频率就会变高，但此时最该处理的是制度因素。

第三节　问题的型态分析

在对问题进行原因分析及提出方案之前，决策者若能对问题发生的型态进行分析，会有助于更精准掌握问题的关键，从而有助于解决问题。

问题发生的型态可以从何处（Where）、何时（When）、何人（Who）、程度（How）四个方面观察。例如一家连锁房屋中介公司，如果发现最近一年内其员工离职率快速上升，已经足以形成问题，接着可以进一步分析发生的型态，包括：

（1）这些离职是发生在哪些地区（何处）？

发生在竞争激烈的地区与发生在缺乏竞争的地区，在问题分析上可能有不同的意义。在竞争激烈的地区，离职可能是被挖墙脚；在缺乏竞争的地区，离职可能是由于员工想自行创业成立自己的房屋中介公司。

（2）这些离职是发生在什么时候（何时）？

如果大部分离职是发生在过年后，而以往资料也显示过年后的离职率也确实较高，只是今年特别高，那么离职原因可能就与年节有关。

（3）这些离职的是哪些人（何人）？

如果大部分离职的人都是任职半年到一年的人，或者大部分离职的人都是任职超过 10 年的人，其离职原因便可能有所差异。任取半年到一年而离职，其原因可能是半年保障月薪已经到期，因而离职。

（4）离职率比过去高出多少（程度）？

离职率比过去高出 2% 与高出 10%，其离职原因便可能有所差异，高出 2%，可能是由于竞争激烈被挖墙脚导致；高出 10%，可能是对公司的前景感到悲观所导致。

批判思考发问思考指引

1. 个案讨论者要确认某个现象是否为真正的问题，可以讨论下面的问题："这个现象造成什么影响？""这些影响有多严重？"

例如"公司的员工流动率比同行业高"这个现象是不是问题，必须分析员工流动率高会造成什么影响。是造成公司有更多的新血液注入，还是经验无法传承？如果两种影响都有，更多的新血液注入和经验无法传承哪一项影响更需要被重视？这些思考会有助于问题的厘清。

2. 个案讨论者可以思考问题的各种属性以及不同的属性认定，对于方案的制定会造成什么不同的影响。

3. 个案讨论者可以检视问题发生的型态，观察是否存在特定的规律。

第五章　原因与影响

章首案例

必升职业训练班根据下面的资料：

表 5-1　是否参与必升职业训练班课程人员升职与否情况

	上过必升职业训练班课程	没上过必升职业训练班课程
升职	20 人	10 人
没升职	10 人	300 人

上过必升职业训练班课程的 30 位学员中，有 20 位升职、10 位没有升职，另外随机调查 310 位没上过必升职业训练班课程的人里面，有 10 位升职、300 位没有升职，因此必升职业训练班打出下述广告：必升职业训练班有良好的训练绩效，可以大幅提高升职概率。请问你看到这样的广告，会想要去必升职业训练班缴费上课吗？你还应该考虑些什么？

　　在确认出问题之后，我们要再进一步确认出造成问题的原因，以便于提出有效的方案。**方案的提出必须针对原因**。例如"产品销售成绩不佳"这项问题的原因可能非常多：如果原因是产品设计不良，方案就应该针对如何改进产品设计；如果原因是销售员训练不足，方案就应该针对销售员进行训练。如果没有针对原因设计方案，就很可能发生病急乱投医的情形。本章先说明一般性的因果关系，再说明原因的分类及分解，最后说明原因的探究。

第一节 因果的确认

一、虚假关系

虚假关系（Spurious Relationship）是指两个原先看似相关的因素或现象，在控制其他因素之后，使得原先的相关性消失，这两个因素或现象就是虚假关系。例如在一项关于学历与健康状况的调查中，得到以下结果（见表5-2）：

表 5-2 学历与健康状况关系调查

		学历	
		高	低
健康状况	好	20人	80人
	坏	80人	20人

初步看来，学历高的人健康状况较差。不过在考虑到工作特质（行政、外勤）之后，得到以下结果（见表 5–3）：

表 5–3　健康状况与工作特质关系调查

		工作特质					
		行政			外勤		
		高学历	低学历	循列小计	高学历	低学历	循列小计
健康状况	好	10人	2人	12（10＋2）人	10人	78人	88（10＋78）人
	坏	75人	10人	85（75＋10）人	5人	10人	15（5＋10）人

可以看出行政人员的健康状况显然比外勤差；行政人员中的高学历比例，比起外勤人员的高学历比例要高。就行政人员而言，学历高低与健康状况的关系不明显；就外勤而言，学历高低与健康状况的关系也不明显。由此可以看出，工作性质与学历有关，工作性质也与健康状况有关；而在控制工作特质之

后，原先有关的学历与健康关系却消失了，因此，原先学历与健康间的相关就是一种虚假关系。

虚假关系会影响因果关系的真实性和准确性，至于如何发现虚假关系，可以参考以下所述方式。**当有人认为是 X 导致 Y，而我们怀疑"X 导致 Y"是虚假关系时，可以尝试找出是否有某个因素 A 与 X 有关、A 也同时与 Y 有关，**那么 A 就有可能是真正的原因，不过即使找出这样的 A，A 不一定就是真正的原因，**要确认一对因果关系是虚假关系，**还必须经过一系列统计验证。

二、因果关系的检视

A 与 B 之间要具有因果关系，**如果 A 是因，B 是果，那么 A 与 B 之间必须具备以下四个条件：①A 与 B 是共变的，也就是 A 增加（或减少），B 也应该增加（或减少）。②在时间上，A 必须发生在 B 之前。③A 与 B 之间必须具有理论上的接连。④A 与 B 之间的关系不是虚假关系。**

例如前述调查指出，学历越高的人，健康状况越差，我们是否可以认定高学历是造成不好健康状况的原因呢？如果对照以上四项条件，第一项条件（学历越高、健康越差）在调查结果中已经获得满足；第二项条件，如果学历高的人的健康状况是在获得高学历之后才变差，也就是健康变差发生在取得高学历之前，那么第二项条件就不满足；第三项条件，必须有某个理论概念，可以解释高学历和差的健康状况之间的关系；第四项条件，高学历和差的健康状况之间的关系，并不是虚假关系。

三、复杂的因果关系分析

在现实生活中，因果关系经常不是一因一果的单纯关系，经常可以看到"多因一果"、"一因多果"、"连锁的因果关系"等情形，这些情形对于问题分析及决策有重要的意义。

（一）"多因一果"关系分析

一个现象会发生，经常不是仅由一项原因，而是由多项原因共同作用而产生。例如造成一家便利商店销售大幅增加的原因，时机、产品设计、地址、促销策略，可能都是重要的因素。

"多因一果"情形下的因果分析，有两种极端情况，第一种极端情况是这些原因必须同时出现，才造成这样的结果。例如暴雨倾盆，"市区车辆淹顶"的现象出现，必须有"雨势预测失准"、"排水通道堵塞"、"居民未迁移车辆"等原因同时出现，才会导致"市区车辆淹顶"的结果；**第二种极端情形是这些原因只要有一项出现，就足以让结果出现，**例如只要"过去经济数据错误"、"预测方法错误"这两项原因任何一项成立，就可以让"未来经济趋势判断错误"的结果出现。在两个极端之间，则是某些原因在造成结果的出现上有比较大的影响力，这些原因是主要原因，而其他原因则是次要原因。例如一家小吃摊顾客不多，主要原因可能是地点及口味，价格可能是次要原因。

"多因一果"会让方案的制定更复杂，以前述第一种极端情形来讲，方案的制定只要能够消除其中一项原因，就可以防止结果的出现，但是在针对不同的原因所制定的方案之间，就必须要进行评估，决定哪一种方案比较合适，方案的评估在第六章将会说明。若是**以前段所述第二种极端情形来讲，方案的制定就必须消除所有的原因，会相当耗费资源。**

（二）"一因多果"关系分析

"一因多果"是指一个现象的出现，会在各个不同层面造成进一步的影响，类似于前一章提到的复杂性很高的问题。例如放开中国大陆的优秀学生来中国台湾求学，可能对稀释中国台湾学生教育资源、提升大学的学生素质、激励中国台湾学生学习意愿、中国大陆学生打工及生活、中国大陆学生毕业后就业等层面都会造成影响。**在制定方案时，经常需要有所谓的配套措施，其目的之一就是设法降低一个方案在某些层面的不利影响**，因此开放中国大陆学生来台湾地区求学需要许多配套措施，以降低"稀释中国台湾学生教育资源"的影响。

（三）连锁的因果关系

在分析问题时，经常会发生"B 是 A 的原因而 C 又是 B 的原因（C→B→A）"的情形。例如店家停车场不足的原因是顾客车辆过多，而顾客车辆过多的原因是顾客停留过久，顾客停留过久的原因是店家服务流程过于缓慢。在连锁的因果关系中，前一阶段（C→B）的结果（B）会成为下一阶段（B→A）的原因，当我们不断追寻一个现象（A）的深层原因（C）时，就会形成连锁的因果关系。

连锁的因果关系会对方案制定造成下述影响。一般所说的**"治标不治本"，就是指只针对接近最后结果的原因设计方案**，在前一段停车场的例子中，直接增建停车场就是治标不治本的方案，若是治标不治本，深层的原因（服务流程过于缓慢）还是存在，扩建停车场只会让店家更感受不到深层原因造成的影响；**针对深层原因设计的方案，才会是治本的方案，然而治本的方案有时并不容易执行，甚至超出相关单位的权责范围**，例如治安败坏的终极原因可能是人心不古，但是提升人心并不是公安部门的权责，也不太容易执行。因此在连锁的因果关系出现时，要针对哪一阶段的原因设计方案，也是值得关心的议题，将会在第六章进行说明。

第二节　原因的分类及分解

一、原因的分类

一个现象或行动会发生，经常是由许多各种各样的原因共同作用而成。关于原因的种类，可以分成以下几种：

（一）物质层面原因

一个现象或行动的发生，在技术、实质物质方面，必须有让这个现象或行动得以发生的条件，才能使这个现象或行动真正发生。例如企业要生产某个新产品，必须具备相关的技术、原料，这些相关的技术和原料，就是生产新产品的物质层面原因。

（二）型态层面原因

一个现象或行动的发生，必须具备外在的型态，才能真正呈现这个现象或行动。例如企业要生产新产品，新产品是要做成什么样子；如果在生产新产品过程中，生产部门及行销部门之间需要协调，要以什么型态协调，是制定制度、设立协调人、改变组织结构，或是设立委员会，如果无法找到一种合适的型态，现象或行动也不会发生。

（三）推动层面原因

一个社会现象或行动能够发生，需要有人或组织促使或推动，让这个现象或行动发生。例如企业要生产新产品，应该是组织内有某个管理者，或者是部门的努力，让企业考虑生产这个新产品，这个管理者或者部门就是"企业生产新产品"这个现象的推动原因。然而某些自然现象，例如地震或火山爆发，也许不需要有人或组织促使或推动，就会发生，此时就无需推动层面原因的存在了。

（四）动机层面原因

一个社会现象或行动的发生，**如果是由人或组织所促使或推动，相关的人或组织应该是基于某些动机而去推动，这个动机就是动机层面原因**。例如企业生产新产品，动机可能是要获利，也可能是要围堵竞争对手。如果人或组织缺乏足够的动机，现象或行动也不会发生。

（五）能力层面原因

一个社会现象或行动的发生，**如果是由人或组织所促使或推动，相关的人或组织应该具备足够的资源，让现象发生**。例如企业要推出新产品，必须要有足够的财务、人力等资源，才能推出新产品。

（六）环境层面原因

一个现象或行动要发生，需要环境层面提供孕育这种现象或行动的土壤，否则现象或行动不会发生。例如企业要推出新产品，在环境中必须有一批愿意购买这项新产品的消费者存在，否则即使企业推出这项新产品，新产品也不可能持久。

一个现象或行动是否会发生或合理与否，可以从以上六项原因来看。例如以企业进入国外市场为例，说明以上六项原因，企业要将哪一项产品推往国外市场（物质层面原因）？或是将哪一项业务放在国外执行（物质层面原因）？企业是要用什么型态进入，是直接投资、合资、授权，还是外销（型态层面原因）？要推动进入国外市场，要由哪一个部门或个人来执行比较适合（推动层面原因）？进入国外市场是为了学习新技术，还是增加销售（动机层面原因）？

企业有足够的人力、财务等资源以支持进入国外市场吗（能力层面原因）？如果企业自己没有足够的资源，有可能从外部取得吗（能力层面原因）？国外市场的真实情形，有可能让企业达到其进入国外市场的目的吗（环境层面原因）？企业如果是要学习新技术而进入国外市场，国外市场有谁愿意教导技术（环境层面原因）？如果是要增加销售而进入国外市场，国外市场有适合自己产品的区隔吗（环境层面原因）？国外当地竞争者会有所反应吗（环境层面原因）？

当对一个现象或行动在六个层面上的原因考量越周详，分析者对现象的理解就越深刻，行动就越合理。一个现象或行动能够持续存在，也必须有原因支持，如果六种原因越完备，这个现象或行动长期持续存在的可能性就越高；如果只有少数的原因在支持某个现象或行动，原因一旦消失，这个现象或行动成立的基础也就瓦解了。例如一家糕饼店完全是因为赶潮流而推出葡式蛋挞（环境层面原因），但其实这家糕饼店并不具备做出真正美味蛋挞的技能（能力层面原因），糕饼店的师傅对蛋挞也缺乏热情（动机层面原因），也缺乏好的蛋挞专用面粉供应商（物质层面原因），那么等到蛋挞潮流一过，这家糕饼店很可能就停止制作蛋挞了。

课堂思考

　在一桩命案中，警方若要判定甲为杀人凶手，必须有哪些条件被满足？

　　造成一个现象（或问题）的原因可能相当复杂，此时需要将原因进行分解，例如"获利过低，怎么做才能提高获利"这个问题，如果直接处理这个问题，可能会过于庞杂，也太过模糊，可以利用树状图来分解这个大问题的各项原因："获利太低"可以分解成"成本太高"以及"营业额太低"两项原因；"成本太高"可以再分解成"制作费用太高"、"销售成本太高"、"资金成本太高"三项原因；"制作费用太高"又可再细分为"制作成本太高"以及"采购成本太高"。针对采购成本，可以提出四项方案："一条龙"式的采购方式、系统化的采购方式、大量采购的折扣、让若干进货来源比价竞标。在原因分解之后，可以如本章第一节提到的"多因一果"的情形，针对各个原因设计方案（见图 5-1）。

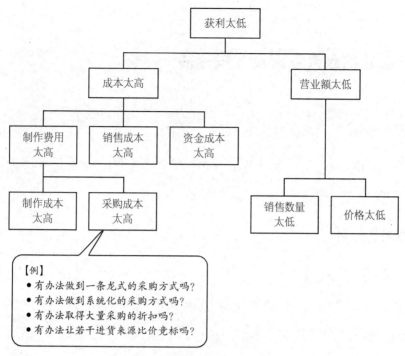

图 5-1 获利太低的原因分解

课堂思考

一家修车厂的数据资料显示，顾客等候修车的时间从 1.5 个小时增加到 2.5 个小时，请分解可能造成这个现象的原因。

第三节 问题的因果辩证及方案评估

因果关系的确认，有时是相当扑朔迷离的，两种现象或因素之间看似成立的因果关系，实际上除了可能会是本章第一节提过的虚假关系之外，还有可能是其他的关系。

一、因果的辩证

有时被认定的 A 是原因、B 是结果的关系，经过详细检视，可能正好颠倒，实际上 B 才是原因、A 则是结果。例如有时一般人会认为"因为是有钱人，所以比较小气"，但其实真实情形是"因为小气，才变成有钱人"。

一般而言，会发生因果颠倒的情形，是在"一个被观察的对象同时具有 A 及 B 两种特质，被认为是因为具有 A 特质而具有 B 特质，但真实情形是因为具有特质 B 才具有特质 A"的情形下出现。例如一群高级主管（A 特质）都到特定的餐厅用餐（B 特质），到底是因果状况①：因为已经成为高级主管，才到特定餐厅，还是因果状况②：因为到特定餐厅用餐，才成为高级主管，更需要详细检视属于哪一种因果状况，否则很可能误认真正的原因，做出错误决策。对于想成为高级主管的员工，如果是因果状况①，这位员工就不应该去那家特定餐厅，如果是因果状况②，这位员工就应该经常去那家特定餐厅。

课堂思考

　　甲：小吃店想成功，一定要提高知名度。自从不久前欣欣小吃店在电视上被报道后，生意大好，排队都要排上一小时。

　　乙：到欣欣小吃店买东西，本来就需要排上 45 分钟，你说的那个电视节目本来就是挑有名的店来报道。

　　请问甲跟乙所持论点有差异吗？

二、因果关系与方案评估

对于行动方案的评估，可以从这个行动方案（因）造成的效果（果）来评估，当一项行动方案带来的效果是所期待的正面效果时，是否就代表应该支持这项行动方案呢？

例如有一种看法认为，"免试升学（因）有助于初中学生探索追寻自我的兴趣（果）"，因此主张"初中升高中免试升学"这项方案。这样的主张是否能站住脚，必须从以下几个方面检视。**首先，是因果关系的确认**，也就是"免试升学（因）是否真的有助于初中学生探索追寻自我兴趣（果）"的检验，这在本章第一节中已有说明。**其次，即使这项因果关系成立，也需要检视"'因'不存在的情形下，'果'是否会出现"。**也就是不免试升学，是否初中学生就无法探索追寻自我兴趣。**再次，还需要检视一因多果的状态，也就是"这个'因'是否会导致其他我们不愿意见到的'果'"**，不免试升学，有多少学生会因此降低学习意愿。最后，即使一些学生会因为免试升学而降低学习意愿，是否可以有一些配套措施，例如学习的奖励，提高学生的学习意愿，不致受到免试升学的影响。当我们要**根据一项行动方案的结果来决定是否支持这项行动方案时，必须经过"因果关系确认"、"因若不存在，果是否依旧出现"、"因是否导致其他负面的结果"**，以及**"其他负面的结果是否可以通过配套措施补救"**这四项检视，才能做出是否要支持这项方案的初步判断。

批判思考发问思考指引

1. 在检视一项行动方案时，可以问这个行动方案的执行需要什么资源？要以什么型态进行？"谁"会基于什么"动机"来推动这个方案？方案又对"谁"有什么"好处"或"坏处"？在什么样的"环境条件"下，可以允许这个方案的执行？

2. 讨论一项行动方案时，可以问这项行动方案在哪些"层面"、对"谁"造成什么正面或负面的"影响"？这些影响可以被哪些配套措施所强化或削弱？

第六章　方案评估

章首案例

2010 年 5 月，中国台湾地区监察主管部门纠正台湾地区卫生主管部门，指出某公立医院骨科医生一年看诊超过 6 万人次，每个病人平均获得看诊时间仅为 1.4~3.7 分钟。这位医生无奈地说："平均每名患者看诊至少 2.5 分钟，我经常一天只睡 3 个小时"、"如果卫生主管部门不要我看那么多病人，我照办"；这位医生强调："我也不想看那么多病人"，医院曾限诊、限号，但病人找医院熟人要求加号，"对一般病人公平吗?"一些老病人为了看这位医生的诊，常等上两三个小时，但他们都表示甘愿等待，也表示这位医生很贴心。医院方面则表示不希望这位医生看诊过多，但限号、限诊，病人就会告到行政主管部门、立法主管部门，医生及院方都很困扰。

从医院的立场，请问可以制定哪些方案? 应该根据哪些准则来评估这些方案?

第一节 以系统方式构思方案

在制定决策时，如果能构思适当数量的替代方案加以评估，将可以提高决策品质。从所讨论决策的 5W1H（Why，When，Who，Where，What，How）六项要素思考，在这六项要素上构思各种可能性，便是一种系统化地构思替代方案的方式。在 2010 年制定《促进产业创新条例》时，"中国台湾'有关当局'对于一些商业经济活动给予奖励或补助"的决策（以下简称官方补助决策），当时有一项方案是以"大型跨国企业的营运总部设在中国台湾地区的行为，给予大型跨国企业税赋减免"的方案为例，说明可能的替代方案（以下称设总部税赋减免方案）。

一、决策的目的要素（Why）

决策目的是指**希望这项决策要带来什么效果**，以前述"官方补助决策"决策，其目的可以包括在个别企业层面的"协助个别企业发展"、"降低个别企业的歇业风险"，以及在社会层面的"促进社会就业"、"促进整体经济产业产值"四项目的。以当时提出的"设总部税赋减免方案"来看，是强调"促进整体经济产业产值"这项目的；如果是要强调"协助个别企业发展"这项目的，就应该给有发展潜力的企业奖励或补助；如果是要达到"降低个别企业的歇业风险"这项目的，就应给予新创企业奖励或补助；如果是要达到"促进社会就业"这项目的，就应给予雇用人数较多的企业奖励或补助。

二、决策的时机及期间要素（When）

决策的时机及期间是**指在什么时点下激活方案，或是方案启动后要持续多长时间**。以"官方补助决策"及"设总部税赋减免方案"而言，并未设定时点或期间要素。如果要设定期间要素，可以就补助年份进行设定。

三、决策的参与者或参与主体要素（Who）

决策的参与者或参与主体要素，是指有哪些机构可以参与方案的进行。以"官方补助决策"及"设总部税赋减免方案"而言，只设定中国台湾地方当局及企业。但若是将大学或民间技术研发机构也纳入，可以推出"企业与大学或民间技术研发机构合作，可申请补助"的方案。

四、决策的地理要素（Where）

决策的地理要素是指决策所针对的对象是否要设定地理范围，例如补助或奖励是否要扩大到来中国台湾地区的外国企业。

五、决策的实施对象要素（What）

决策的实施对象是指针对哪些事物施行决策。以"官方补助决策"及"设总部税赋减免方案"而言，是针对"企业设总部的行动"给予减免或补助，但也可以改为针对其他活动给予补助。例如对制程升级、研发活动、人力培训及雇用活动、外销活动、品牌创立活动等给予补助，都是可以考虑的替代方案。

六、决策的方式要素（How）

决策的方式要素是指要**以何种手段进行**。以"官方补助决策"而言，直接奖励、补助、租税减免都是可以考虑的替代方案。

将上面六项要素上的各种可能选项做组合，可以推出一些较完整的替代方案。例如可以推出"对外商（地理要素）来中国台湾地区增加雇用中国台湾研发人力（实施对象要素）的行动给予奖励（方式要素）"的方案。

课堂思考

　　某系希望提高教学品质，为此准备了 50 万元经费，请为这个系拟订可行方案。

第二节 行动方案的评估准则

在评估各项行动方案时，需要先确立一组评估准则。例如购买住宅的一组评估准则，可能包括价格、交通便利性、面积、安全性、生活便利性等多项准则。甲可能会平等看待这许多项准则，给予一样的权重；乙可能会认为价格一定要低于某水准，否则就不考虑；丙可能认为生活便利性和交通便利性两项满足其中一项就可以了。因此，一项决策的一组评估准则，可能会以多种型态影响这项决策及方案的选择，下面分别说明。

一、理性决策模式

理性决策模式的步骤有六项：确认及定义问题、设定决策的评估准则、为各项评估准则设定权重、产生可行方案、评估各项可行方案，以及产生最适决策。因此在**理性决策模式中，评估准则可以被加权，加权越高的准则代表是越**

重要的考虑因素，但不会有任何一项准则对最后的方案选择具有完全的影响力。以本节开始的购屋决策来分析，价格、交通便利性、面积、安全性、生活便利性被赋予的权数可以分别是 0.3、0.1、0.3、0.2、0.2，价格及面积是买主购屋的主要考量因素。

受限理性模式是常与理性决策模式相提并论的决策模式，受限理性模式在可行方案搜寻、决策评估准则的界定、资讯搜集、产生最适决策等方面不如理性决策模式，但是关于评估准则如何影响方案选择，受限理性模式和理性决策模式是一样的：不会有任何一项准则对最后的方案选择具有完全的影响力。

二、目标函数与限制条件

有某个研究所的入学考试录取规定，从管理学、统计学、经济学三科成绩中选两科，取两科总和高分者录取，但全部考生均需考英语，且英语考试成绩低于平均者，不予录取。在这个决策情境下，每个考生都是录取决策的一个备选方案，英语、管理学、统计学、经济学都是评估方案的评估准则，通过"英文高于平均"这项限制条件的方案（考生）找出在目标函数上〔由管理学、统计学、经济学三选二的总和所构成，Y = 管理学 + 统计学 + 经济学 – Min（管理学、统计学、经济学)〕有最佳表现的方案。

在入学考试的例子中，有些评估准则是作为限制条件，在选择最后方案时，完全不考虑未通过限制条件的备选方案，因此**一项评估准则一旦成为限制条件，对于最后方案的选择，会具有相当强的筛选力量。一项评估准则可以同时是限制条件，也是目标函数的组成要素**。例如在研究所入学的例子中，可以在规定"英语需在平均以上"之外，再将英文得分纳入总分计算。

至于何时要让一项评估准则成为限制条件，当最后方案必须要在某一特性上符合某个基本要求时，这个特性就应该成为限制条件，例如前述该研究所认为入学考生必须具备一定英语程度时，英语水准就会成为一项限制条件型的评估准则。

限制条件经常是来自于以下几个方面：**①能力、资源，或资格的起码要求**。例如前述研究所入学英语要求的评估准则，或是在购屋决策中，价格不能高于1000万元的评估准则。**②关键利益关系人的要求**。例如由佛教团体捐助成立的医院、大学，在运作上可能需要符合出资的宗教团体的期待，这些期待将会成为限制条件。一项决策的方案评选过程，如果未能辨识出应有的限制条件，最后可能造成相当大的伤害。例如一家医院雇用医术非常好但却没有医师执照的人，尽管医疗成效很好，但是却可能面临各种法律层面的刑事或民事责任。

三、特定情境下的评估准则优先性

在一组评估准则中，不同的准则经常会有不同优先性及必要性。例如在一些选举制度中，会有"妇女保障名额"的规定，若是当选人之中，原本就有足够名额的女性，"妇女保障名额"的规定会自然失效，若是当选人之中的女性名额不足，"妇女保障名额"的规定就会发生作用，让得票较低的女性挤下得票较高的男性候选人，成为当选人。在决定当选人的决策过程中，如果"当选人之中的女性名额不足"的情况发生，"性别"评估准则会高于"得票数"这项评估准则，直到"当选人之中的女性名额不足"的情境不再出现。从这个例子可以看出，在特定的情境下，某项评估准则会比其他的评估准则更具优先性，对于最终方案的筛选更具影响力。

在**特定情境下，一项评估准则 A 会比其他评估准则更具优先性**，经常是在评估准则 A 代表在标的决策上一项很重要的价值或条件，但是其重要性又尚未达到应该完全影响最终方案选择的程度。

课堂思考

在选择第一份工作时，有下列评估准则：薪资、工作内涵、个人成长机会、升迁机会、工作地点，请问你会如何设定这些评估准则？为什么如此设定？

第三节　行动方案的分析

在第二节中所讨论的是面对多项行动方案时，如何运用各种评估准则来评估这些行动方案。但是在真实世界中，决策者经常是以特定的行动方案为焦点，一次针对一项特定的行动方案进行评估分析。例如某个企业在构思策略决策时，可能只是锁定"是否要生产一项新产品"这个方案进行分析；又例如许多人在购车时，并不是将所有备选车款类型列出，再用一套准则来评估这些车款类型，而是一次就一个车款类型进行考量。因此本节便以单一的行动方案为焦点，说明评估单一方案的途径。

一、仅就单一方案思考

决策者在以单一方案为焦点进行分析时，重点在于对这个方案的关键项目进行考量，才能决定是否能够采取一项行动方案。在检视一项行动方案时，除了可以根据第五章第二节所列出的各种原因对行动方案进行检视之外，也可以用下列问题检视行动方案：

（1）行动方案基于什么假设？假设改变后，行动方案会有何不同？

制定一项行动方案所依据的假设，是行动方案得以成立的基础，也直接决定这项行动是否有效，如果情势的发展不符合假设，就应考虑修正行动方案。例如扩厂的行动方案，如果是基于"产业景气会好转"的前提假设，在执行方案时，应该不断检视"产业景气是否真的好转"，如果并非如此，就应该再检视扩厂行动是否合理。

（2）行动方案的目的是什么？此目的具有什么价值，或者此目的有什么好处？此好处是否非常重要？能否持久？

一项行动方案的采取，必须紧扣行动方案所设定的目的，再进一步思考这项目的对决策者有什么好处或价值，以避免原先方案的目的已经失去意义，但却仍旧因为这项方案被长期执行而继续执行下去。例如 3.5 寸磁盘厂商在过去不断扩大产能，是为了达到阻碍新进入者进入产业的目的，以维持产业的高获利；但如果整个 3.5 寸磁盘产业都面临被随身碟取代的威胁，"阻碍新进入者进入 3.5 寸磁盘产业"的目的，意义就已经不大了。对不断扩大产能的行动惯性，就应加以检讨。

（3）行动方案须动用哪些资源或能力？资源或能力从何而来？

一项行动方案需要相关资源的支持，如果本身的资源不足，就需要设法向外寻求资源进行补足。例如财务绩效较差的厂商，若要进行扩厂行动，就需要考虑是否有足够的资金可供投入扩厂，如果本身缺乏足够的资金，就必须考虑如何向外界筹资。又例如某一专业生产中价位汽车的企业要进入高级车市场，是否需要为高级车款另建通路系统，又是否有足以服务高级车车主的服务人员及系统，都是必须考虑的。如果缺乏这些资源或能力，要如何取得或培养就成为了重点。

（4）外界利害关系人对行动方案的知觉是什么？会有什么反应？有没有能力反应？反应会有多快？是否会对行动方案所欲达成的目的有所影响？

一项行动方案是否能达到原先设定的目的，经常会取决于外界利害关系人是如何看待这项行动方案的，以及如何对这项行动方案做出回应。例如厂商决定降价以出清存货，但是如果竞争对手认为自己的降价是要抢占市场，对手就可能会跟进降价，如果对手有足够的资源及快速的反应能力进行价格战，那么厂商通过降价出清存货的企图就越难达成。

（5）一项行动方案可能会带来什么不利影响？

一项行动方案如果会带来一些不利影响，这些不利影响也必须得加以处理，如果可能发生的不利影响太大又未加处理，即使行动方案能达成目的，照样会发生"得不偿失"的情况。例如原先走高价位精品的企业，如果要推出中价位产品，会不会对原先的高价位产品造成损害，是必须要思考的。

（6）单凭此一行动方案就足以达成目的的可能性有多高？

一项行动方案有其所欲达成的目的，但是要达成这个目的，是否单凭此一行动方案就可以达成，也是必须要思考的。例如投入研发经费要达到"提高产品品质"的目的，但要达成"提高产品品质"这个目的，除了投入研发经费之外，还必须有专责的人或单位负责品质的提升，制造部门的员工也必须加强品质管理。如果组织层面或制造层面没有配合，单凭投入研发经费，达成"提高产品品质"的可能将会降低。

（7）一项行动方案需要哪些辅助配套措施？

当一项行动方案经过问题（3）到问题（6）的检视后，检视结果将会揭示此一行动方案是否需要配套措施。基本上，当**以下情形出现时，就需要一些配套措施：①自己缺乏必要的资源、必须求助外援时**，例如缺乏自有资金资源却企图扩张的厂商，可能必须寻求银行的协助。**②需要对外部利害关系人的认知**

及反应做出有效管理时，例如希望出清存货而降价的厂商，必须同时放出适当的市场信号作为配套措施，以澄清自己降价的意图，以免竞争者误判。③一项行动可能带来相当大的不利影响时，需要配套措施来消除这些不利影响，例如原先走高价位的精品，如果要推出中价位产品，可能需要为中价位商品另设品牌及通路。④单凭一项行动不足以达成目的时，便需要其他辅助措施协助配合。

二、与组织既有方案间关系的思考

组织在分析面对一项决策时，即便只有一项行动方案作为备选方案，也不能仅分析这项行动方案，而必须分析这项行动方案与其他已经在执行中的方案的关联。

_____

_____

_____

_____

_____

_____

_____

_____

（1）所选定的行动方案与组织过去的行动方案之间有何关联？

从决策理论来看，组织是由一连串决策所构成的，因此一项行动方案可以放在组织中的一连串过去的决策系统来看，此种看待方式得到的决策评估，可能与将一项行动方案独立看待所得到的决策评估有所差别。

（2）过去相似方案的成败及成败原因，对当前行动方案的影响是什么？

当组织现在正要采取的行动方案和过去的行动方案相似时，必须考虑过去的行动方案的成败、成败的原因以及成败的影响与现在所要采取的类似行动方案的关联。过去类似方案是失败的吗？方案失败的原因消失了吗？

　　例如一个组织为了强化协调，已经进行过多次组织结构的调整，但都以失败告终，员工已经对组织结构调整的效果产生怀疑。后续若要再进行组织结构调整，便需要考虑先前失败的原因是否依然继续存在，**如果造成先前失败的原因已经消失，现在再采取类似方案会比较合理**；另外，先前失败带来的员工的怀疑，则会提高类似方案的执行难度。又例如在 2010 年 5 月，中国台湾地区教育主管部门提出大学 "4 + 1" 方案，希望让大学生在一年内可以取得第二专长学士学位，这是为社会需求打造的 "订单式人才培育"，让学校的训练与社会的需求能够更密切结合，降低两者之间的落差。但如果先前的大学教育培育出来的人才和社会需求有落差，又怎么可以期待大学开设第二专长学士学位训练出来的人才可以符合社会需求，这是决策者必须要考量的。

　　一项行动方案如果是延续过去相当成功的行动方案，就必须思考成功的原因及条件是否依旧存在。例如许多连锁体系强调不断在多个地点复制既有的优势能力，但是肯德基在最初进入日本市场时，想要将美国的营运模式复制到日本，却遭遇失败，这是因为没有检视过去相似行动方案在美国的成功原因而一味复制所导致。而中国台湾的鸿海企业经常选择进入成熟产业，原因就是其营运模式相当适合成熟产业。

　　（3）一项行动方案是否能强化、巩固或削弱组织先前行动方案创造的优势或好处？

　　一项行动方案被单独看待时，意义可能无法彰显；但是当我们**将这项行动方案放在组织更大的计划之下来检视时，就可以看出这项行动方案可以用于巩固先前的方案所创造的优势**。例如对于依靠经销商提供良好服务而建立起商誉的企业而言，与经销商间的良好关系是其过去建立的优势，如果再能为经销商提供贷款服务及教育训练，将更可以巩固"与经销商间的良好关系"这项优势。而如果这家企业计划在网络上直接销售，或是跳过经销商建立直销据点，就会削弱"与经销商间的良好关系"这项优势，削弱先前优势的行动方案并非一定不能做，但是必须有其他更充分的理由来支持。

（4）一项行动方案是否具有阶段功能性，可以继承先前的行动方案，或开启后续的行动方案？

一项行动方案的意义或价值，有时必须放在之前及之后的行动方案一起看待，才能获得理解。例如，进入中国大陆市场，是应该从三线城市如哈尔滨、长春、石家庄开始进入，还是从一线城市如北京、上海开始进入，可以仅从单一进入的行动来计算损益，但也可以将这个进入行动放在一连串的行动中。如果是希望先在最激烈的地区胜出，提高知名度，再顺势进入其他地区，先进入一线城市的意义就得以凸显；如果是希望在较不激烈的市场先累积资源，再进入最激烈的市场进行最关键的竞争，那么先进入三线城市的意义就得以凸显。

三、与其他行动方案做对比的思考

（1）有其他替代的行动方案可以取代正在考虑中的行动方案吗？这些替代的行动方案达到相同目的的可能性有多高？这些替代的行动方案执行难度如何？要由谁做？

对于一项行动方案 A，决策者应该思考行动方案 A 会不会有替代方案，**有**

替代方案可以让决策者保持比较大的弹性，但没有替代方案则有助于制造"**必须执行到底**"**的气氛**，正如"背水一战、破釜沉舟"的状况。

面对各项可能的替代方案，决策者还必须思考这些替代方案达到与原方案相同目的的可能性有多高。例如在 2010 年 5 月，中国台湾地区教育主管部门提出的"大学'4＋1'第二专长学士学位"，这项方案的可能替代方案至少包括了"鼓励各产业公会开设职业训练班"，这个方案同样可以达成"缩短人力培训与业界需求间落差"的目的。

各项替代的行动方案的执行难易度及执行者也是必须要考量的，例如在"大学'4＋1'第二专长学士学位"中，就必须考量原有大学教师是否足以支撑新的班次带来的教学负担。

（2）一项行动方案是在解决连锁因果关系上的哪一项原因？连锁因果关系上的其他环节是否存在着替代方案？

在第五章中，曾经提到"连锁因果关系"这一概念，如果要消除不愿看到的"果"，可以在"连锁因果关系"的各个不同阶段设计行动方案，再依照前一项问题检视各项行动方案的适切性。例如"温室效应"的一项主要原因是人类所养殖供以食用的牛的排泄气体含有太多的甲烷，如果因果关系仅追究到这一段，方案会是"减少牛肉的消费"，但是牛的排泄与饲料有关，若是继续追问是否有哪一种饲料，可以让牛食用后排泄较少的甲烷，那么方案就会放在"饲料的改良"，在比较"减少牛肉的消费"及"饲料的改良"这两项方案的可行性、耗费资源、执行难易度及执行者等项目中进行决策。

课堂思考

　　某家以平价为诉求的连锁咖啡店在全台湾地区有 50 家分店。近半年来，这家咖啡店发现每月总营业额都比去年同期减少 10%，为处理这个问题，连锁咖啡店提出了以下几个方案：

　　1. 增加分店数，从 50 家增加到 60 家。

　　2. 分店数不变，增加产品项目，加卖蛋糕。

　　3. 延长营业时间，从原先的早上 10 点至晚上 12 点，延长至 24 小时营业。

　　4. 提供更美味香醇的咖啡，提高产品单价。

　　5. 密集进行广告促销，以刺激销售。

　　请问在哪些情况下，采取方案 1 是合理的？请问在哪些情况下，采取方案 2 是合理的？对方案 3、方案 4 及方案 5 也请做类似的检视。

批判思考发问指引

1. 行动方案基于什么假设？假设改变后，行动方案会有何不同？

2. 行动方案的目的是什么？此目的具有什么价值，或者此目的有什么好处？此好处是否非常重要？能否持久？

3. 行动方案须动用哪些资源或能力？资源或能力从何而来？

4. 外界利害关系人对行动方案的知觉是什么？会有什么反应？有没有能力反应？反应会有多快？是否会对行动方案所欲达成的目的有所影响？

5. 一项行动方案可能会带来什么不利影响？

6. 单凭此一行动方案就足以达成目的的可能性有多高？

7. 一项行动方案需要哪些辅助配套措施？

8. 所选定的行动方案与组织过去的行动方案之间有何关联？

9. 过去相似方案的成败及成败原因对当前行动方案的影响？

10. 一项行动方案是否能强化、巩固或削弱组织先前行动方案创造的优势？

11. 一项行动方案是否具有阶段功能性，可以承继先前的行动方案，或开启后续的行动方案？

12. 有其他替代的行动方案可以取代正在考虑中的行动方案吗？这些替代的行动方案达到相同目的的可能性有多高？这些替代的行动方案执行难度如何？要由谁做？

13. 一项行动方案是在解决连锁因果关系上的哪一项原因？连锁因果关系上的其他环节是否存在着替代方案？

参考文献

第一章

1. Beyer，B.（1998）. Improving Student Thinking. Clearing House. Vol. 71，Issue 5：262–267.

2. Browne，M. Neil（1997）. Asking The Right Questions：A Guide to Critical Thinking. NY：Prentice Hall.

3. Chaffee，J.（1991）. Critical Thinking at Laguardia. Paper Presented at 11th Annual Conference on Critical Thinking and Educational Reform，Sonoma，CA.

4. Ennis，R. H.（1996）. Critical Thinking. NJ：Prentice Hall.

第二章

1. Browne，M. Neil（1997）. Asking The Right Questions：A Guide to Critical Thinking. NY：Prentice Hall.

2. Cannavo，Salvator（1998）. Think to Win：The Power of Logic in Everyday Life. NY：Prometheus Books.

3. Hoch，Stephen J. and Kunreuther，Howard C.（2001）. Wharton on Making Decisions. NY：Wiley.

第三章

1. Browne，M. Neil（1997）. Asking The Right Questions：A Guide to Critical Thinking. NY：Prentice Hall.

2. Cannavo，Salvator（1998）. Think to Win：The Power of Logic in Everyday

Life. NY：Prometheus Books.

3. Fisher，Alec（2001）. Critical Thinking：An Introduction. UK：Cambridge University Press.

4. ［日］船川淳志. 思考不关机. 林欣仪译. 中国台北：脸谱出版社，2008.

第四章

1. Cowan，D. A.（1990）. Developing a Classification Structure of Organizational Problems：An Empirical Investigation. Academy of Management Journal，33：366-390.

2. Dutton，J. E.，Walton，E. J.，& Abrahamson，E.（1989）. Important Dimen-sions of Strategic Issues：Separating the Wheat from the Chaff. Journal of Management Studies，26：379-396.

3. Dutton，Jane E. and Jackson，Susan E.（1987）. Categorizing Strategic Issues：Links to Organizational Action. Academy of Management Review，12：76-90.

4. Kepner，C. H. & Tregoe，B. B.（1965）. The Rational Manager. New York：McGraw-Hill.

5. Landry，Maurice（1995）. A Note on the Concept of"Problem". Organization Studies，16：315-343.

第五章

1. Babbie，Earl（1997）. The Practice of Social Research. NY：International Thomson Publishing.

2. ［日］大石哲之. 图解 3 分钟搞懂逻辑思考法. 林欣怡译. 中国台北：商周文化出版社，2009.

3. 曾仰如. 形上学. 中国台北：商务印书馆，1998.